自由で
20代で捨てるべき50のこと
あり続
四角 大輔
Daisuke Yosumi
けるた
sanctuarybooks
め

ogue

Prol

20代は身軽だ。やりたいことはなんでもできる。
これからどんな大人にだってなれる。
自分にしかできない仕事、豊かで自由な生活、
大好きな仲間とワクワクする挑戦、
愛する人との最高の出会い、
なんでも夢見ることができる。

Prologue

はじめに

でも、夢あふれる若者たちのほとんどは
いつの間にか、現実や常識にがんじがらめの、
〝良識あるマトモな〟社会人になる。
そういう大人を多く見てきているはずだ。
そして、自分は絶対にそうはなりたくないと思う。
〝原則として新しいことはするな〟という空気に抗えず、
毎日、暗黙のルールや根拠のない常識に押さえ付けられ、
まわりの顔色をうかがって生きるようなマネは、
誰だってしたくない。

そう思っていたはずなのに、
多くの20代が、
なりたくなかったはずの大人になっていく。
なぜだろう？
不思議に思ったことはないだろうか？

誰だって、
他人が敷いたレールや、まわりの評価なんかに縛られたくない。
みんな心の底では〝自由に、自分らしく生きたい〟と願っている。
いくつになってもそうだ。
20代はそれでも、自由を求める気持ちが強いから、
なんとか制約から逃れようと試みる。

しかし就職したり、仕事をはじめたり、
社会人生活にどっぷり浸かっているうちに、
いつの間にかそういう気力を失い、本来の自分を忘れてしまう。

Prologue

はじめに

ぼくも15年間の会社勤めで、
あなたと同じような経験をいっぱいしてきた。
苦痛な人付き合いもあったし、
出世のための駆け引きも目撃した。
堂々めぐりする会議、残業に継ぐ残業も、
ひと通り、それがどういうものだかわかっている。
そのまま、それなりの収入と安定を得ながら、
生きていくという選択肢もあった。

でも、ぼくはすべてを捨てた。

２００９年、夢の実現のために39歳で退社し、
ニュージーランドの湖畔の森に移住。
成功と地位と人脈を手放して年収は1／10に。
そこから10年間かけて、組織・場所・時間・お金に
縛られないワークスタイルを構築し、
「森の生活×ノマドライフ」という生き方を実現。
ニュージーランドでは、夜明けとともに活動し、
日が沈むと休み、庭の野菜、森からの収穫物、
釣りたての魚をいただきながら、環境負荷と
生活コストを最小限に抑えた「森の生活」を営む。
そして一年の半分は、自由気ままに
世界を移動しながら働く「ノマドライフ」を送る。

企業の役員や顧問、ブランドのプロデュース、
アウトドアやエシカルアパレルの商品開発、
メディアへの寄稿や本の執筆といった、
ネットとデバイスがあればできる仕事のみに従事。
場所に縛られる仕事も少しあったが、
アウトドア関連のロケ撮影、大学講義、
野外フェスやリトリートツアーのプロデュース
といった刺激的なプロジェクトのみ。
湖畔の森にいても、世界の都市を旅しながらでも
あらゆる情報にアクセスし、仲間と仕事を続ける。
うらやましいライフスタイルだって？
ノマドライフはハードで仕事と将来の保証もない。

水道もきていない森の生活は決して楽じゃない。
でも、いざというときの人生戦略は確立している。

コロナ禍前の2019年、思い立ってノマドライフの中断を宣言。
さらに、場所に縛られずいい収入になるが自身の独創性を
発揮できない仕事と、場所に縛られる仕事すべてを手放した。
年収は半減したが、湖畔の家の畑を3倍にして果樹を30本植え、
湖の釣りと海のカヤック釣りを極め、食糧自給率を数段高めた。

最低限のお金で、家族3人が幸せに暮らせる森の生活がついに完成。
インフレや経済危機、パンデミックや紛争の影響を
最小限に抑えられる人生戦略を確立できたということだ。

だから仕事を失うこと自体が、怖くない。
どんな仕事も一切妥協せず攻め切れるから、いい成果を出せる。
「でも、そんな生き方はとてもできない」と多くの人は言う。
本当にそうだろうか？

ぼくらは今、人類史上もっとも自由で恵まれた時代にいる。
断言しよう。本気で挑めば、あなたにもできる生き方だと。
20代のうちに、自分にとって不要な物事をどれだけ捨てられたか、
もしくは捨てられなかったかが、カギを握っているのだ。

だが多くの20代は、必要以上の大荷物を背負い込んでしまう。
大人になるためにはしょうがない、と思い込んで。

吸収できるものは、若いうちに吸収した方がいいかもしれない。
新しい人脈、新しいモノ、新しい情報、新しい価値観、新しい世界。
しかし、なんでもかんでも大事にしすぎるのが問題だ。

気づけば、いつの間にか、まさかとは思うが、
過剰な荷物で押しつぶされ、自分が自分じゃなくなっている。

ぼくが心から満足のいくライフスタイルを手にできているのは、
身の丈を超えた物事を思い切って手放してきたからだ。
身の回りをそぎ落として徹底的にミニマル化し、
20代からずっと身軽さを維持して、なるべく余計なものを
取り入れないようにしてきたからだと思っている。

ぼくは20代の頃、周囲から「目上の言うことには従え」「まわりと同じようにやれ」「前例のないことはするな」と何度も古い価値観を押し付けられたが、そのほとんどを拒み続けた。そのせいでずいぶん痛い目にも遭ったが、それでよかったと今は思える。

物欲や野心がなく、幅広い人付き合いを求めない今の若者はやる気がなくてダメだと言われるが、ぼくはそう思わない。

「あれも、これも」と手を出し、むやみに選択肢を増やしても、すべてが中途半端となって、貴重な人生を浪費する一方だ。

20代は捨て。

はじめに

まず〝20代で成果を出す〟という焦り、自分への過剰な期待を捨てる。
人生の夢につながらない物事、自分らしさを奪う重荷も潔く捨てる。
捨てれば捨てるほど体と心は軽くなり、視界と思考から
ノイズが取り除かれて、本当にやりたいことが明らかになるからだ。

捨てれば捨てるほど、集中力は高まって感性は研ぎ澄まされ、
あなたに眠る真の能力が引き出される。
余計なものを削り去ってはじめて、人は自分を取り戻せるのだ。

自由であり続けるため、自分であり続けるために、
誘惑や葛藤の多い20代を、焦らず確かな歩幅で、
子ども心と夢を忘れず、軽やかに生きてほしい。

contents

CHAPTER:1

物とお金

CHAPTER:2

ワークスタイル

CHAPTER:3

CHAPTER:4

人間関係

CHAPTER:5

ライフスタイル

物とお金

CHAPTER:1

どうしたら自由になれるのか？
自由になるために、必要なモノはほとんどない。
大事なのは、いらないモノを削る決断力。
削れば削るほど、自分にとってのど真ん中が見えてくる。
そこだけに力を注いで、あとは寄せ付けないこと。
孤独になることをビビるな。
本当に欲しい仲間や環境は、あとからついてくる。

01

視界にある〝ノイズ〟を捨てる。

Simple and Creative Life

小さな目ざわりを許すな。

CHAPTER:1

01 視界にある〝ノイズ〟を捨てる。

モノは知らないうちに、少しずつ着実に空間を侵略していく。

棚に入りきらないモノ、床に重ねたモノ、引き出しに入れたモノ、テーブルにのせてあるモノ……。

それらは「いつか片付けよう」と保留したモノかもしれないし、「あると便利かも」と保管しておいたモノかもしれない。

よく見てみよう。それらのモノが活躍したのはいつだ？

大好きなモノ以外はすべてノイズだ。

視界のノイズはあなたの空間だけでなく、生活も、頭の中も複雑にしていく。

多くの人がノイズに対して寛容すぎる。

それなのに、今より広い空間で働くことや、暮らすことを求めている。

だがそのままでは、家や職場がより広くなっても、ノイズが拡大するだけだ。

ためしにやってみよう。たとえば今、机の上をリセットしようと決めてみる。

筆記用具かラップトップ、お気に入りのティーカップ以外をすべてどけてみる。

できることなら、その机を窓の近くへ移動させる。

窓の外がいい景色じゃなくてもいい。

レースのカーテン越しに感じる、太陽の光や空の存在に意識を向けてみる。

それらは、都会にいても感じられる貴重な〝自然〟の存在で、ノイズとは正反対のものだ。

視界からノイズをなくすと、思考が急に鮮明になり、後回しにしてい

CHAPTER:1

01

視界にある〝ノイズ〟を捨てる。

た大切なことに手を付けたくなってくる。

ひとたび手を付ければ、あっという間に時間が流れる。胸の奥が発熱し、ワクワクしてくる。

それが本当の意味での、〝クリエイティブな時間〟だ。

このクリエイティブな時間をどれだけ持てるかが人生の質を決める。

自分を劇的に変えるためには、まずシンプルな空間を手に入れることだ。

「いつかしまおう」から「今すぐなくす」へ。

02 今使わないモノを捨てる。

Beauty of Nothing

モノとの別れは、
過去の自分との決別。

CHAPTER:1

02 今使わないモノを捨てる。

どれも、自分が選んで手に入れたモノだ。

愛着もあるだろうし、なかなか捨てられないモノもあるだろう。

「いつか使えるかもしれない」と、とっておきたい気持ちもよくわかる。

「もう二度と手に入らないかも」と言い訳をくり返し、一生保管し続けるモノもあるかもしれない。


基準はシンプルでいこう。

今、使っていないモノは手放す。

即座に売るか、譲るか、処分すればいい。

〝思い出の品〟以外、手放して困るモノはない。

とっておくか迷ったら、手放す。

人生の優先順位はつねに変わっていき、それとともに、必要なアイテムも変わり続けているからだ。

最初の大規模な片付けは一気にやること。その後の定期的な見直しは年に1回、理想は年末年始を「頭と心をきれいにする日」と決めて荷物を総点検するといい。

〝思い出の品〟も、じょじょにコンパクトにしていく。これは何年かかってもいい。

最初は、ダンボール箱を一つ用意してその中にまとめる。思い出の品は年に一度でいいから、少しずつお別れしていく。手紙類はスキャン、立体物は写真をとって記録に残す。大きな箱から小さな箱へ、毎年小さくしていく。手放すことに対する、悲しみや罪悪感とともに捨てる。

それを墓場まで持っていきたいかどうか自問自答しながら。

CHAPTER:1

02

今使わないモノを捨てる。

めざすは心をかき乱すモノが一つもない、
お気に入りのやさしい音楽が流れるシンプルな空間。
無駄のない上質なカフェやホテルにいるような快適な時間は、けっこう簡単に手に入るものなんだ。

「とりあえずとっておく」から
「とりあえずサヨナラ」へ。

03

〝ストック〟という概念を捨てる。

Going Minimal

〝外部倉庫〟を利用するという考え方。

CHAPTER:1

03

“ストック”という概念を捨てる。

使いたいその瞬間に、手元にない。

そう言うと不便な暮らし方に思えるかもしれない。

たしかに買い置きをやめれば、その都度手に入れないといけないし、安いときにまとめ買いしておかないと高くつくという考え方もあるだろう。


でも本当に不便で困ったことってどれくらいある？

まとめ買いしたモノはいつも気持ちよく使い切れている？


なかなか使わないモノに大事な居住と作業スペースを奪われる。

無駄なモノにあなたのエネルギーと家賃を浪費し続ける。

使いそびれないよう意識する労力、整理する時間だって無駄だ。

防災グッズを除き、ほとんどのモノは手元に保管しなくていい。

たいがいのモノは通販ですぐに買えるし、レンタルだってある。

たとえば近所のコンビニを大型の冷蔵庫、Ａｍａｚｏｎを巨大な倉庫と捉えてみる。どちらも「膨大な数のアイテムを、一つ何円というコストで常時保管してもらっている」と考えれば、本や日用品などの〝ストック癖〟から解放される。

あらゆる店を〝外部倉庫〟とイメージし、本当に必要になったときだけ取りにいく。もしくは取り寄せる。

すると、「買っておかなきゃ」という強迫観念から自由になり、今まで収納と探し物に奪われていたエネルギーと時間のロスがなくなる。

すると心が自然と整い、自分と向き合えるようになっていく。

CHAPTER:1

03 〝ストック〟という概念を捨てる。

モノをむやみに保管しないということは、自分の心を大切にするということでもあるんだ。

「今、買っておいた方がいい」から
「必要なときに取りにいこう」へ。

04
出し惜しみ癖を捨てる。

Pay Forward

もっと必要としている人に譲る。

CHAPTER:1

04 出し惜しみ癖を捨てる。

モノ、人、仕事、お金、そして水。

なんでも、一箇所にとどまらせていると、次第に淀みはじめる。

それはやがて、あなたの思考と人生を濁らせる。

自然界で水が循環するように、人間が呼吸で排出したCO2を、植物が光合成で酸素に戻すように、身の回りのあらゆる物事を、より求めている人へ、より必要とされているところへリリースし、どんどん循環させよう。

あまり使わなくなった道具があれば、それを喜んで使ってくれそうな人を探そう。

今やっている仕事でも、あなたより適任者がいたら譲ってしまおう。

チャンスがやってきたら、あなた以上に待ち望んでいた別の人に手渡そう。

素敵な人に出会ったら、より付き合いが深くなりそうな人に紹介しよう。

すごいアイデアが思いついたら、一番うまく活用してくれそうな仲間に話そう。

最終的には、自分の手元からすべてなくなる、という不安があるかもしれない。

でもぼくらは、元々なにも持たず全裸で生まれてきているんだ。

見返りは求めなくてもいい。手放すのが先だ。

出したら出した分だけ、また新しいものが入ってくる。

そして多くの場合、本当に欲しかったものが向こうからやってくるよ

CHAPTER:1

04 出し惜しみ癖を捨てる。

うになる。

出会いも、チャンスも、お金も、実はその価値総量は変わらず循環しているだけ。

大切なことは「自分はなにが大好きか」をつねにはっきりさせておくこと。

それを人に伝え続けること。

目に見えないけれど、地球上に存在するこのすばらしい〝循環システム〟は、

あらゆる物事や情報が、それを心から必要とする人のところに集まるようにできているから。

「これくれるならあげる」から
「タダでいいからどうぞ」へ。

05

小銭入れを捨てる。

A Little Makes a Big Loss

覚悟を決めた大きな出費より、
自覚していない小さな出費の方が怖い。

タバコやお酒などの嗜好品はもちろん、いつもなにげなく買っているペットボトルのお茶、ガムや飴、雑誌や新聞など、「買って当たり前」と思い込んでいる〝準日用品〟が、あなたがお金から自由になるチャンスを奪っている。

ぼんやりとしたお金の不安の正体は、決心して買った高価なモノというよりも、なにを買ったのかすら思い出せないほどの小さな出費の積み重ねだ。

ぼくたちは、本当に必要なものへの出費は先送りしがちになる。

その一方で、たいしていらないモノや刹那(せつな)的な喜びのために、惜しげもなく小銭を放出してしまう。

どうすればいいか?

CHAPTER:1

05 小銭入れを捨てる。

おすすめは買うか買わないかの〝ジブンルール〟を持つこと。

たとえば、ぼくの場合、500ミリリットル以下のペットボトルは基本的に買わない。お金と資源の無駄だし、お気に入りのマイ水筒がある。もっというならば、気持ちを高めてくれる上質なデザインのペットボトルが存在しないからだ。

いっそ財布もやめて、スマホ装着型ウォレットにしてもいい。

そうすると、小銭が邪魔になるので、小銭が増えるような買い物をしなくなるし、領収証が増えることが不快で買い物自体が面倒になってくる。そして、ポイントカードを持たなくなる。ポイントカードは持ち主を店に縛りつけ、財布を無駄に太らせるだけだ。

それでも、つい買おうかどうしようか迷ったら、自分の心に聞いてみてほしい。

「そのモノについて、自分は誰かに熱く語れるか？」

それが100円単位のモノであっても本気で語れないものは買わない。

心から好きなモノで身の回りを固めている人は魅力的だ。

「これから得られる〝便利さ〟と、これを持たない〝自由さ〟とではどっちが大事か？」

モノが一つ増えると、自由を一つ失う。その因果関係を忘れてはいけない。

そこまでして、手に入れたモノはきっとあなたを輝かせる。

CHAPTER:1

05 小銭入れを捨てる。

「ないと不安」から
「なくても別にいい」へ。

06

衝動買いを捨てる。

Listen to Your Soul

心から愛せるモノだけ手に入れよう。

CHAPTER:1

06 衝動買いを捨てる。

買い物は、人生を豊かにするためのプロジェクトだ。

すごく欲しい、早く手に入れたい、いてもたってもいられない、そんなモノと出会っても、すぐに買ってはいけない。


まず自分に「この買い物は投資か？　消費か？　浪費か？」と問う。

出すお金以上に価値があると思えたら投資だし、出すお金と同じ価値なら消費、それ未満なら浪費だ。

それはたとえ100円の買い物だとしても同じ。小銭の放出を軽視する人は、大金を失うことになる。「1円を笑うものは1円に泣く」という言葉はまさにそう。

買うと決めたら、次は研究者になったつもりでとことん調べる。

インターネットのおかげで情報はあっという間に集まる。

ぼくの第一基準は、美しきミニマルデザインであること。

さらに、軽くてコンパクトであること。そしてできれば2通り以上の使い方ができたり、折りたためたり、重ねられたりして収納しやすいこと。

その上で、自分自身をアップグレードしてくれるかどうかを真剣に考える。

そこまで考えても「自分には必要だ！」と思うことができたら、ひとまず家に帰って、一晩置こう。

翌朝に目が覚めても、まだ同じ気持ちが残っていたら面倒でもまたそのお店に行くだろう。そして手に持ってみた瞬間、心がゾクゾクしたら即買い。もし売り切れていたら、次の出会いを待てばいい。

CHAPTER:1

06

衝動買いを捨てる。

街は今、モノを買わせる仕組みにあふれている。外からの刺激で反射的に「欲しい」と思わされたモノは、すぐにいらなくなる。「欲しい」という頭のノイズではなく、「必要だ」という心の声に従おう。

時間とこだわりを投入し、語れるほど愛せるモノだけを所有しよう。

「今買わなきゃ損する」から「焦って買わなくて正解」へ。

07

「なんでもいい」と言う癖を捨てる。

You are What You Buy

節約ではなく、選ぶこと。

CHAPTER:1

07

「なんでもいい」と言う癖を捨てる。

お金に対する不安があるかもしれない。

かといって、なんでもかんでも節約するのはすすめない。

ダイエットにしろ、やりたくない勉強にしろ、ぼくらの脳はそもそも我慢し続けられる構造になっていないからだ。

人間というのは、節約という我慢をはじめたとたん「お金を派手に使いたい」という反動との苦しい戦いを、無意識のうちにはじめてしまう生き物なんだ。

ランチは安ければいいというものじゃない。お金のかからない遊びがベストだというわけでもない。

他人より得しているかどうか、相場より安いかどうかも関係ない。

大切なのは節約じゃなくて、選ぶこと。

〝節約のための節約〟は長続きしない。

目的をはっきりさせて真剣に選ぶんだ。

半額セールに出かけて、思いもよらないモノを買ってしまうなんて、お金と自分の人生に対して失礼だ。ビーチサンダル一つにしても、適当に買うのではなく本気を出さないといけない。

「なにか食べたいものがある？」と聞かれたときに、「なんでもいい」ではなく「これが食べたい！」と即答できる準備をしよう。

誰かに決めてもらったら、痛みはない。

だが、それは自分の人生を放棄しているのと同じだ。

なにがやりたいのか？　なにが欲しいのか？　答えられなければ、そのうちに自分が何者かわからなくなってしまう。

CHAPTER:1

07

「なんでもいい」と言う癖を捨てる。

あらゆるジャンルの好きなことリスト、好きなものリストを作ろう。
それをいつも見返し、つねに自ら選択し、声に出そう。
そうすれば、本当の自分、本当にやりたかったことが見えてくる。

「安いから買う」から
「これだから買う」へ

08

付属品（オプション）を捨てる。

Natural Beauty

オプションを付けるより、
標準装備を使い込む。

CHAPTER:1

08 付属品を捨てる。

なんとなくさみしい。なんとなく不安。

そう思って、なにかを足したり、貼ったり、置いたりしてしまう。

モノでいくら飾り立てたところで、心の穴は埋まらないし、個性をアピールすることはできない。

おまけに、後でなにかを付け足したモノは、たいてい使い勝手が悪くなってしまう。

モノは持ち主の役に立ってこそのモノ。

過保護に扱うのではなく、愛をもって傷だらけになるまで使い込むことで、モノは体の一部になり、人生を豊かにしてくれる。その結果、モノに命が宿るのだ。

20代での我が愛車は、山奥の険しい林道を走りまわっていたのでボロボロ。修理不可能で廃車になるまで愛し続けた。

ぼくにとって車は装飾品やステイタスではなかったからだ。

ミニマルアートをを体現したｉＰｈｏｎｅは裸がもっとも美しい。体型に合うデニムをはけば、ベルトだって必要ない。オプションもトッピングもデコレーションもいらない。

装飾はすればするほど〝濁り〟を生むが、ミニマルは極めれば極めるほど〝美しさ〟になる。人間も同じ。余分な飾りを捨て、生まれた頃の美しさを取り戻すことで、オリジナリティが際立つんだ。

「足せるものを、足すこと」よりも、「引けるものを、引くこと」を楽しもう。

そうすれば、物理的・精神的にずいぶん軽くなる。

CHAPTER:1

08

付属品を捨てる。

「よく見られたい」から
「使い倒したい」へ。

09

〝生活レベルの向上〟という発想を捨てる。

Minimum Life Cost

お金から、感情的に自由になる。

〝生活レベルの向上〟という発想を捨てる。

社会人になって、好きに使えるお金が増えると、多くの人が生活レベルを上げてしまう。

つい見落としがちなのは、なにかのレベルを一つ上げれば、全体的な出費がアップするということだ。

つまり収入がちょっと下がるだけで、生活全体のバランスが崩れてしまう。

それが恐くて、収入の増減に一喜一憂するようになる。そうやっておどおどして生きてしまい、つまらない大人になっていく。

お金から自由になるために、〝ミニマム・ライフコスト〟という発想を持とう。

一年間生活する上で、最低減必要なランニングコストはいくらか。

自分ひとり、または家族が健康的な食事をして、四季をしのぐ衣服と快適に眠る場所を確保する。そのためだけにいくらあればいいのか。それさえ把握しておけば、ここぞというときに思いっ切り攻めることができる。

「失うことが〝なんとなく〟怖くて」人は挑戦できなくなる。

（挑戦しない人生に意味はあるのか？）

失ったらなにが怖いのかさえはっきりしていれば、妥協や迎合をせず、仕事でも人生でもギリギリのところまで勝負できる。

いざとなったらいつでも原点に還ればいいのだから。

勝負のときは、いつ目の前にやってくるかわからない。

09

〝生活レベルの向上〟という発想を捨てる。

そのときのために、どれだけ〝ミニマム・ライフコスト〟を下げられるかが重要だ。

もし定期的にだらだらと無駄なお金が出ていくものがあるなら、その習慣やサブスクや契約を断ち切ればいい。

「どうなっても、生きていける」ことを確信した瞬間、人はお金から自由になれる。

「生活レベルを収入に合わせる」から「収入に生活レベルを左右されない」へ。

10 服の選択肢を捨てる。

Find Your Best Fit

自分の〝定番アイテム〟を決める。

CHAPTER:1

10 服の選択肢を捨てる。

〝自分の定番〟という考え方を持とう。

普段着はこれ、部屋着はこれ、フォーマルはこれ、という風に。極端に言えばそれぞれに〝マイベストの一着〟さえあればいい。

同じカテゴリーの服なら、結局、一番のお気に入りをくり返し着るからだ。

より自分らしい服と出会ったら、思い切って定番を取り替えたっていい。

〝まあまあの服〟は潔く手放して、つねに完璧な一着を残すようにしよう。

もし幸運にも、過去最高の〝定番服〟を見つけられたとき、値段は関係ない。

心からワクワクする色、素材、シルエットはなにか。

自分の体型、顔つき、肌や瞳や髪の色に合うものはなんだろうか。まわりに笑われるほど入念にボディチェックして、じっくりと時間をかけ、足を使って、本当に自分に合ったスタイルを探求し続けよう。

自分らしいスタイルは、あなたに自信とやすらぎを与え、集中力をもたらし、思考をクリエイティブにしてくれる。

そしてそれは、確実にまわりにも雰囲気として伝わるんだ。

今の体型をなげく必要はない。それぞれの体型にベストフィットする素敵な服は必ずある。

たとえばアーティストだって全員スタイルがいいわけじゃない。

彼ら彼女らがステージ上で輝くのは、体型に合った〝一番の定番服〟を身につけていて、〝生まれ持った体型〟のベストをめざして努力を続けているからだ。

10 服の選択肢を捨てる。

ちなみにぼくの服の9割は、流行に左右されないシンプルな服と、アウトドアウェア。

無地でシックな色のシンプルな服は飽きがこないし、アウトドアウェアは頑強、軽量、高機能。快適で動きやすい。機能美を追求したデザインも最高。

「24時間のうちに四季がある」と言われ、人の命を奪うほどハードな天候変化が起こる山で耐えうるアウトドアウェアは、ファッションの流行りすたりもないので一年中定番にすることができる。

「飽きたから新しい服を買う」から「ずっと飽きない服を買う」へ。

ワークスタイル
CHAPTER:2

難しい仕事って、面白い。
でも難しい仕事と向き合うためには、
絶対に、心と時間の余裕が必要だ。
だから、仕事をとことん楽しんでいる人は、
例外なく自分の行動と時間の無駄を探し続けている。
誰の役にも立たない仕事は捨てる。
やりたいことに集中したかったら、
やりたくないことを、どれだけストイックに削れるかだ。
自分のしたい仕事をする時間を、自分に与える勇気を。

11

不得意な仕事を捨てる。

Make Your Creative Time

〝仕事してる感〟しかない作業は
自動化する。

CHAPTER:2

11 不得意な仕事を捨てる。

あなたなりに仕事にこだわって、丁寧に取り組んでいる姿は美しい。ただ「すべて自分でやらないと気がすまない」という考えは生産性を下げ、チームの足をひっぱる。

自分らしく自由に働いている人は、仕事をシェアするのがうまい。礼儀正しく丁寧にお願いして、他の人に仕事を手渡していく。だからこそ、自分にしかできない仕事や、本当にやりたいことに集中できている。

〝自分がやるべき仕事〟に集中することが義務だと考え、自分が不得意な仕事は、それを得意とする人にパスしよう。

あなたが悪戦苦闘していたその仕事を、ある人は才能とハイパフォーマンスを発揮し、またたく間に処理してしまうからだ。

それでも残った作業については、決して軽視してはいけない。

創造力を駆使し、心を込めて本気で取り組もう。

デバイス、仕組み、アプリなどをフル活用して効率化をはかり、最短時間で終わらせる。

そうやって、あなたが〝やるべき仕事〟だけに集中できる、美しき〝ジブン時間〟をなるべくたくさん作り出すんだ。


効率化で得られたジブン時間はすべて、「オリジナリティ（自分にしかできないこと）」の追求と「長期的な構想（夢）」を実現させるためだけに投資する。

つねに〝自分にしかできないこと〟だけにフォーカスし、社会に提供し続けること。

CHAPTER:2

11

不得意な仕事を捨てる。

それだけが〝仕事〟と呼べるものだ。
オリジナリティと夢に職種は関係ない。
オリジナリティと夢を追求するために人は生きるべきなんだ。

「なんでも手間をかける」から
「手間をかけるべきところにかける」へ。

12

マルチタスク思考を捨てる。

Focus On

お茶を点てるように、
目の前のことに集中する。

CHAPTER:2

12 マルチタスク思考を捨てる。

先読み癖は〝心のよそみ〟だ。人生を台無しにする。

おいしいものを食べながら、次になにを食べようかを考えている。

仕事をしながら、仕事が終わったらどこに呑みにいこうかを考えている。

景色を見ずに写真を撮りまくり、後で楽しもうと考えている。

目の前にどんなにすばらしい世界があっても、別のことを頭に思い描いていれば、なにを見ても、聞いても、感じても、その本当のよさはわからないままだ。

ぼくが20代のころ、会社に、同時になんでもこなしてしまう超デキる先輩がいた。

よく観察してみると、彼のやり方は単純明快だった。

やるべきことを、全部書き出して、それを順番に並べて、上から一つずつこなしているだけ。その「一つ」に取り組んでいるときは、2番目以降には見向きもしない。一点集中するから仕事は早く、クオリティも高い。結果として次々といい仕事ができる。

仕事量を客観視する「鳥の目の自分」と、目の前のことに夢中になれる「虫の目の自分」をはっきり使い分けていたんだ。

まずは、今やるべきことだけに意識を集中させよう。

あれもやらなきゃ、これもやらなきゃと飛び回らず、ただ一つずつ終わらせていくだけ。

ある心配事に飛んでいく意識を取り戻し、目の前のことだけと向き合う。心配事に向き合うのは次だ。

CHAPTER:2

12

マルチタスク思考を捨てる。

よく観察し、深く感じること。味わうのは後ではなく、今すぐ。
大切なのは明日でも今日でもない。
今、この瞬間だ。
その感覚に入り込んだとたん、誰もがアーティストとなってすごい力を発揮する。

「次はなにする?」から
「今はこれだけ」へ。

13

アピールを捨てる。

Look at Yourself

楽観的に見積もる人に成功者はいない。

CHAPTER:2

13 アピールを捨てる。

「すぐやります！」「まかせてください！」

元気な返事をすれば、相手に喜んでもらえる。

20代は元気を出すしかないと思い込んでいる人は多い。入社5年目までのぼくもそうだったからよくわかる。

しかし、やがてその元気が裏目に出る日がくる。


やりたい仕事を手に入れるために、時にはハッタリも必要だ。

作業を楽観的に見て「早めの納期」を約束したり、本音では無理かもと思いつつ「できます」と言ってしまう。でもそれは、約束した時点ですでに信頼を裏切っていることになる。

気合いだけで乗り切ろうとするのは危険な行為だ。

抱えた仕事を押し付けられるのは未来の自分。

押し付けまくっていれば、だんだん自分のことがダメなヤツにしか思えなくなってくる。

入社3年目のぼくがまさにそう。

抱えている仕事の量と心配事をつねに書き出しておこう。

頼まれたことを引き受けるのは簡単だが、断るのは難しい。だから、ちゃんと判断するためにも、背負っている荷物の量をいつでも目に見えるカタチで把握しておくんだ。

「ごめんなさい」「できません」を言うのは相手の表情が曇りそうで、気が引けるかもしれない。

でも勇気を出して、正確な状態を早めに伝えよう。たとえ失望されても。

CHAPTER:2

13 アピールを捨てる。

仕事で望まれているのは、やみくもながんばりではなく、確実に予定通り目的地にたどり着くこと。
それができている人を上司は管理しようとはしない。

「とにかくがんばる」から「きちんと仕事をするために」へ。

14

TODO（やるべきこと）を捨てる。

Live Your Life

その「やるべきこと」は、
本当に「自分がやるべきこと」なのか。

CHAPTER:2

14 ToDoを捨てる。

今やらなければ、あなたの立場を危うくするほどの、「本当にやらなければいけないこと」はどれくらいあるだろうか。

忙しくしているとき、ふと気がつくとＴｏＤｏをただ〝消化すること〟に夢中になっている。

それもよくわかる。ＴｏＤｏを増やしていけば「なにもすることがない」という不安が解消されるし、そもそもＴｏＤｏを減らしていく行為そのものが快感だから。

でも〝心からやりたいこと〟に直結していないＴｏＤｏは、人生のノイズだ。

ＴｏＤｏに生活を縛られ、それをこなし続けること自体が〝人生〟になる。

回し車の中で走り続けるハムスターのように。

本気でＴｏＤｏリストと向き合ってみれば、その大半は「別に捨ててもいい」ことだということに気づく。

残ったＴｏＤｏは、集中力を研ぎすまし、とことん創意工夫して最短時間で処理する。

大切にすべきはＴｏＤｏリストではなく〝やりたいことリスト〟、つまりドリームリストだ。

あなたの自由を奪う〝やるべきこと〟は自分の外側で勝手に増えていくが、

人生を解放してくれる〝やりたいこと＝ドリーム〟は自分の内側から湧いてくるものだ。

CHAPTER:2

14 ToDoを捨てる。

それは小さな声だから、聞こえたらすぐにメモを取る。満員電車、入浴中、トイレ、ヨガ、ジョギングなど。他になにもできない状態は、心の声が聞こえやすいのでチャンス。もしくは旅行やキャンプ中など、非日常的なことを体験しているときには、心の奥で眠っていた声が拡大される。

行きたい国、会いたい人、観たい映画、生涯かけて成し遂げたいこと、ドリームに大小はない。なんでもメモって、リストにまとめよう。ドリームリストは、自分らしい人生を自由にデザインするための羅針盤だ。

人はやりたいことをするために、生きている。

生まれたときは誰もがそうだったはず。今こそ、その〝原点〟に立ち返るんだ。

「どうすれば不安がなくなるか?」から
「どうすればもっとワクワクするか?」へ。

15 多数決依存を捨てる。

Sing for One

いけると思ったら、突っ走る。

仕事は、ひとりで完結するものじゃない。

ひとりではやり遂げられない作業もあるし、専門的な知識が必要になることもある。

何度も声を掛け合い、お互いの立場に気を配り、フォローし合いながらみんなで完成させていくものだ。


だが、ただ気を使い合うだけでは意味はない。

新しい商品開発についての話し合いで、全員の希望を少しずつ採用していったらどうなるだろうか？

きっとみんなのニーズに合った機能はひと通り揃うだろう。

しかし結果として、とりたてて際立ったところがなに一つない、誰にも喜ばれない製品が生まれたりするだろう。それは八方美人が結局、「あ

CHAPTER:2

15 多数決依存を捨てる。

いつは信用できない」と誰からも愛されないのと同じ。

多数決は最低だ。そもそも〝社会の多数派〟だって、実在しないただの思い込みだ。

全員から「まあまあのオーケー」をもらうような、適当な仕事はしないい方がいい。

これはいける！　と心の声が叫んだら、みんなの顔色は見て見ぬふりだ。

その心の声にすべてをかける。

同時に、すべての責任は自分が取ると覚悟する。

頭を使うのは、そのあと。

あらゆるケースを想定し、徹底的に検証して綿密な計画を立てる。

いくつか足りない部分はあるが、他にはない、とんでもない魅力が一つだけある。
スゴイ製品とは、誰かひとりの〝熱狂〟がカタチになったもの。
100万人に届く歌は、誰かひとりのために創られた曲。
世界を変えられるのは、そういうものだけだ。
誰にでも人生に一度は、すべてを懸けて挑むべきプロジェクトがある。

「みんなにわかってもらう」から
「自分の心の声を信じる」へ。

16
定時を捨てる。

Your Own Pace

まわりの予定に自分を合わせない。

仕事ができる人＝誰よりもたくさんの案件を抱え、誰よりも長く会社にいて、人の何倍も働いている人。

そんなイメージを持っている人は多いだろう。

夜ふかししてでも作業を終わらせるべきときもあるかもしれない。

深夜のオフィスでひとりがんばっている自分に酔う、なんて経験もあるだろう。

でも本当に仕事のパフォーマンスを上げたかったら、スケジュールに予定を詰め込むのではなく、なるべく〝削る〟ように意識すべきだ。

先々まで拘束される定期的なイベントはなるべく入れない。

移動距離にロスが出ないように予定を入れる。

予定と予定の間には、すきま時間を確保する。

好きに使っていい〝ジブン時間〟という予定も入れる。

CHAPTER:2

16 定時を捨てる。

明日に回せることは残業してやるのではなく、体調を整えるために定時で帰り明日の朝やる。

大勢が行動している時間帯に合わせない。たとえば、残業ではなく早朝出社、ランチは11時半に行けるよう上司に掛け合う。

まわりと時間を〝ずらす〟だけで、あなたの日常の景色は突然変わる。

ただでさえ忙しいのに、これ以上時間をコントロールなんてできない？　じゃあ、ためしに先延ばし可能な直近の予定をいくつか、勇気を出してキャンセルしてみよう（くどくど理由を説明しなくても、真剣にお願いすればOKをもらえるものだ。「体調を整えるため」だって立派なキャンセル理由だ！）。

そしてその空いた時間を使って「自分は今なにをしたいのか？」「そのためにはどうすればいいのか？」を書き出しながら、自分と会議してみよう。

その間、もちろん仕事はまったく進まない。

しかし心の整理整頓ができた後、仕事に戻ると、不思議なことに猛スピードで仕事がはかどる、別人のような自分がいるはずだ。

他人の時間割に縛られるな。自分で作る時間割は、自由への入り口だ。

「お昼休みだからランチ」から「おなかが空いたからランチ」へ。

17 決め付けを捨てる。

No Change, No Future

誰でもない。
自分を縛り付けているのは自分。

「こうしなきゃ」「こうあるべきだ」「こうしたい」「これはしたくない」といった〝ジブンルール〟は誰もが持っている。

〝ジブンルール〟を強調し続けることで、それがやがてその人のパーソナルブランドになる。

でもジブンルールは、定期的に見直した方がいい。

ジブンルールを「絶対」だと思い込むと、仕事や人生や社会の流れが変わって習慣を変えるべきときに、行動できにくくなるからだ。

ジブンルールはときとして荷物になる。

過去に一度気に入った荷物を一生涯、持ち歩いてしまう人は多い。

「ためしに置いていってみる」といった発想がないから、いつまでも背負い続けることになるということだ。

CHAPTER:2

17 決め付けを捨てる。

「～ねばならない・しなきゃ・あるべき」という言葉が頭に浮かんだら一瞬立ち止まろう。

そして小さく心の中でつぶやいてみるんだ。

「本当にそう？」「違うかもしれない？」「もしかして別の方法がいい？」

人生の軸となる、ジブンルールはすごく大事。

でも自分の成長に合わせて、ルールを書き換えていくことはもっと大事だ。

以前と少し違う自分を認め、許そう。

「自分はそういうタイプじゃない」といきがらず、ときには力を抜いて新しい自分を受け入れてみよう。

その結果が気に入らなかったとしても、自分の意思で選んだ行動だったらいつでも修正できる。
無意識のうちに、無駄な重荷を背負い続ける方が危険だ。
もしうまくいったなら、また一つ、自由な自分になれたってことだ。

「こうあるべきだ」から
「こうしたい」へ。

18 古い地図を捨てる。

Trust Your Instinct

自分のセンサーをとことん信じる。

みんなから総スカンを食うのが怖い？
自分の〝センサーや感覚＝心の声〟を信じる覚悟を持たない人は、
いつまでも他人の意見に振り回され続けるしかない。

いいものは、いい。好きなものは好き。
外部情報というノイズに侵された〝頭〟を信じるな。
計算やリサーチの結果は、血の通わない二次情報で、得られる答えは
いつでも中途半端だ。打算による答えに、エネルギーは宿らない。

目を閉じて、頭を空っぽにして、心の耳で聴く。
身体能力や才能は人によって差があるが〝感じる力〟は完全に平等。
色とか音、言葉の響き、漠然とした感触、なんか気になるもの、どれ

CHAPTER:2

18 古い地図を捨てる。

が正解かを決めるのは心だ。

心臓が高鳴る、鳥肌が立つ、胸が熱くなるといった〝体が浮く〟ような感覚。

シンプルに、心地いいか、よくないか。好きか、そうでないか。ただその感覚にアクセスすればいい。

多くの人の心に届く、エネルギーあふれるものは、リサーチや計算の結果ではなく、もっと根源的な目に見えない〝なにか〟でできている。言葉にならない感覚や想いは、説明しなくていい。とことん信じ抜くだけだ。

どれだけ惚れ込めるか、熱くなれるか。愛せるか。

〝過去の実績、業界の常識、数字〟または頭で計画したことに縛られてはいけない。

頭を使うのは最後。心のど真ん中にあるその衝動をカタチにするためだけに使う。そのときこそ脳を使い倒す。頭がしびれるくらいに。

この順番さえ忘れなければ、いつか必ず結果につながるから。

「今までどうだったか？」から
「今どう感じているか？」へ。

19

先送り願望を捨てる。

Now is the Chance

気が重い、怖いは当たり前。

やるか、やらないか。

〝やらない理由〟〝できない言い訳〟を考えたら、いくらでも別の予定や、悪い都合を生み出すことができる。

新しい行動は、いつもはじめる直前がもっとも気が重くて、怖いものなんだ。

後回しでいいんじゃないか？

自分にはふさわしくない？

やる意味は本当にあるのか？

そう思って先送りすればするほど、いざ跳ばなきゃいけないときのハードルは高くなってしまう。大切なのは、最初の一番小さなハードルだ。

19 先送り願望を捨てる。

人間の脳は生存のためにリスク回避し、新しい挑戦を〝させない〟構造になっている。

だからもっとも勇気を要する〝最初の一歩〟には全行程の半分以上の価値があるんだ。

低いハードルを越え続けることで、本当に跳びたかった高いハードルを目前にしたとき、今までのトレーニングが実ったことを実感するだろう。

〝不実行〟こそが人生を不自由なものにする。

「できないこと」より「やらないこと」の方が恥ずかしい。

とにかくまずは、頭を空にしてアクションを起こす。

うまくできなくていい。

最初はもちろん下手でもいい。
不安なときはそれを受け入れて、どうしたいかを明確にしてみる。
そうすれば不安は課題に変わる。
その課題は意外とシンプルだったり、解決のヒントが見つかったりするものだ。
今いる場所がすべてじゃない。
まずは一歩、その外へ出る。新しい世界、未知なる絶景に必ず出会えるから。

「気が重いからやめよう」から
「やってみたらわかるだろう」へ。

20

バランス感覚を捨てる。

Be a Specialist

なんでもできる人をめざさない。

「人は一生でなんでもできるが、すべてはできない」
という誰かの名言、大好きな言葉がある。

本当に〝できる人〟は、なんでもかんでもこなせる人じゃない。
目の前の仕事から好きになれるところを見つけて、それを自分らしく、
迷わず、まずは愚直になって向き合える人のことだ。
自分にはこれしかないということを、否定も悲観もせず、ただひたすらやり抜く。

人はパズルのピースと同じ。いびつだからいい。
へこんでいるところと出っ張っているところがあるから、
人同士がつながり、補完し合って、大きなプロジェクトを成し遂げる

CHAPTER:2

20 バランス感覚を捨てる。

「そこそこできたから他のこともやってみる」

「もっと極めたいからとことん続けてみる」

これが仕事の分岐点。どっちを選ぶかで人生が決まる。

人生は短い。

苦手は克服しなくていい。

そこそこできることは、もっと得意な人にお願いすればいい。

その代わり、たった一つでいいから、

「我を忘れて没頭できる」「この話ならいくらでも語れる」

という分野に時間を注ぐこと。

〝世界一好きなこと〟を一つ決めて、そのことに時間を投資する。


ことができる。

あとは捨てる。
そう覚悟を決めた瞬間、人生はキラキラと輝き出し、誰でも自信にあふれてくる。
人間とはそういう生き物なんだ。

「うまくこなす」から
「これだけは絶対負けない」へ。

CHAPTER:2

20 バランス感覚を捨てる。

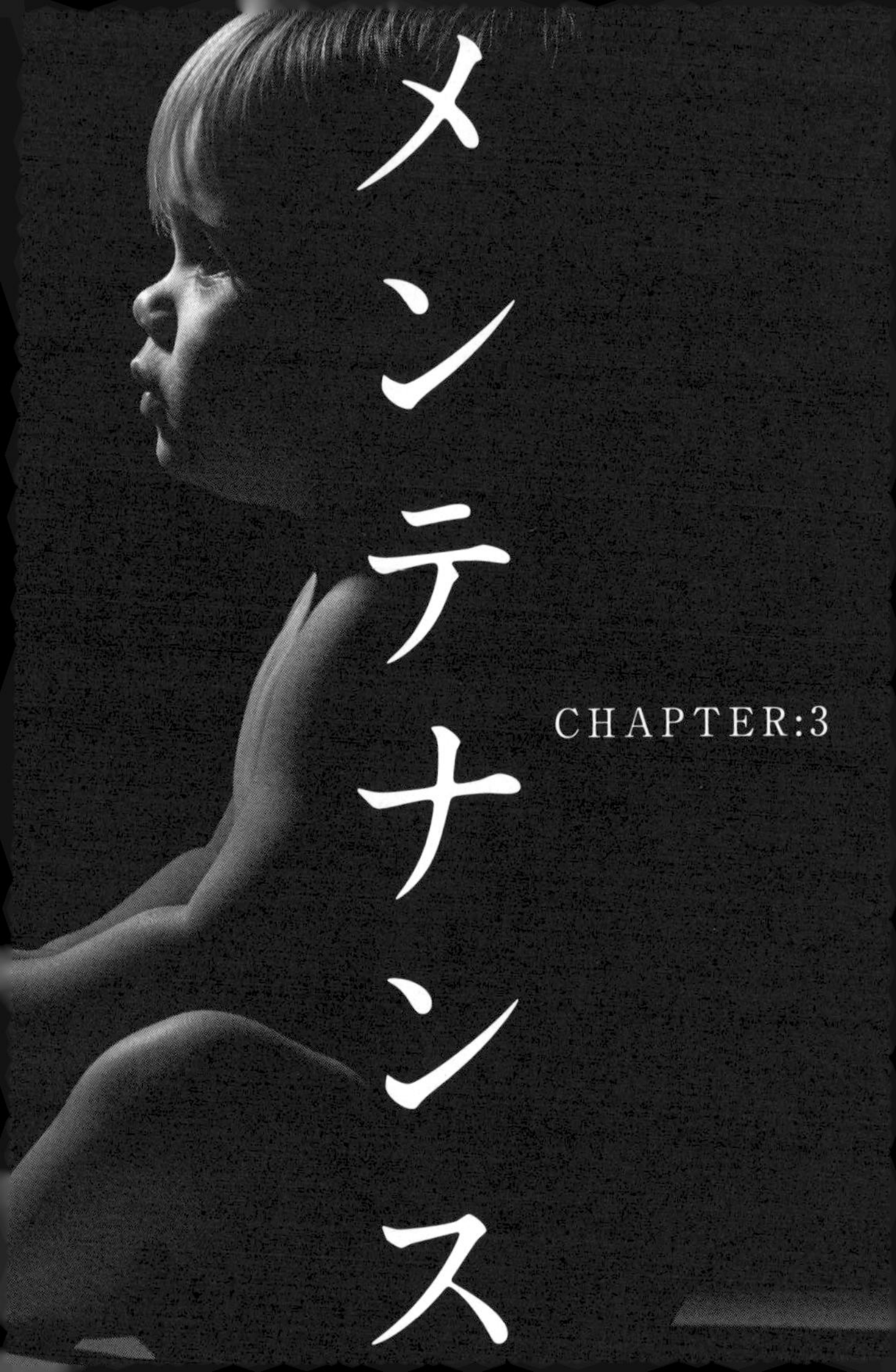

メンテナンス
CHAPTER:3

20代の体力は最高だ。
忙しいことが、誇らしい時期でもある。
やるべきことがいくら増えても、
徹夜で乗り切れそうな自信だってある。
でも自分がキャパオーバーになっていることに、
気づきにくいのが問題だ。
いつの間にか疲れ切った大人にならないように、
どんなことがあっても自分らしくいられるように、
静かなやる気をキープして
体と心の声に耳を傾けよう。

21 深夜を捨てる。

Rise and Shine

朝が決まると、一日全体が仕上がる。

CHAPTER:3

21 深夜を捨てる。

人生でもっとも大切なのは睡眠だ。

睡眠は今日の〃おしまい〃ではなく、明日の〃はじまり〃。

寝ている間ずっと、体は自らの免疫力を高め、疲れを取り除き、日中にためたストレスを消し去ってくれる。

だが、体が睡眠のゴールデンタイムを迎えるのは就寝直後のわずか3時間のみ。

この間に、最大量の成長ホルモンが全身に分泌され、筋肉と骨の合成を促し、皮膚を修復し、中性脂肪を代謝してくれる。

だから最高の状態で入眠しないといけない。

夕方はリラックスして過ごしそのまま早寝しよう。これが習慣化すれば体と心の疲労は完全に消えるだろう。

次に大切なのが朝。

街は真夜中も明るいため、生活リズムを狂わされがちだが、朝の光を浴びることによってセロトニンが自動分泌され、体内時計は一瞬でリセットされる。

体内時計がリセットされた直後から、脳は〝活動モード〟に入り、集中力と創造性のピークに向かう。そのまま午前中いっぱい、その状態が続き、お昼から夕方に向かって低下してゆく。日光が弱まるにつれてメラトニン分泌が進み、脳は〝休息モード〟に入り、そこから一気にすべての活力が失われていく。

朝の生産性が高いのは、人類が狩猟生活をしていた頃からの変わらぬ事実だ。

太陽のリズムで生きることで、人間の体と脳のパフォーマンスは高まり、仕事のクオリティ、体調、メンタルヘルス、そして運気と、すべてが向上していく。

早く寝て理想の形で入眠し、7時間以上の睡眠を確保して深く眠れば、早起きはまったくつらくない。

世界がもっとも美しく輝く夜明けを見て、マイナスイオンが充満した朝の澄んだ空気を吸い、外に出て体にも心にもいい朝日を浴びる。

忘れていた朝の感動に再会できると、起きることが楽しみになるだろう。

CHAPTER:3

21

深夜を捨てる。

「まだ眠くない」から「暗くなったら、目を閉じる」へ。

22

〝質の悪い眠り〟を捨てる。

Be Hungry and Rest

眠るための環境をパーフェクトにする。

CHAPTER:3

22

“質の悪い眠り”を捨てる。

睡眠の質を高めるためには、空腹の状態で眠りにつくのがいい。つまり一日に一度、体を軽い断食状態にするんだ。

朝食をBreakfastと呼ぶのは「fast＝断食」を「Break＝やめる」という意味もあるほどで、眠るときは胃になにも入れない状態にした方がいい。

人類の歴史のほとんどにおいて、うまく食糧を調達できず飢え続けていた人間の体は“空腹時に抵抗力が上がる”という仕組みになっているからだ。

胃を空っぽにして眠ることで、万全の状態で体はウイルスや病原菌と戦えるし、消化器官を修復できる。そして空腹の方が眠りは深くなり、爽快な朝を迎えられる。

また寝る数時間前の夕方から、部屋のあかりは全部つけず、少し暗めの方がいい。理想はやさしい間接照明かキャンドル。

ベッドのまわりからノイズをなくし、自分にとって心地のいいモノだけで固める。余裕があるなら、マットレスやシーツを上質なものに替える。寝床は人生の3分の1を過ごす場所だからケチるべきじゃない。

どうしても眠れないときはやさしい気持ちになれるラジオ番組やポッドキャストを小さな音量で流しっぱなしにしたり、好きな作家の短編集を片手に横になる。これはぼくの不眠症対策だ。

それでも眠れない場合は、目を閉じているだけでもいい。それだけでも、体と心が休まるからだ。だから焦らないこと。

要するに、日中へとへとになるまで体を使って、軽めの夕食を早い時

CHAPTER:3

22

〝質の悪い眠り〟を捨てる。

間に食べて、すぐに部屋を暗くして、ゆったりとベッドに入る。
地球とともに〝人間本来の生き方〟をすればいい、ということだ。
それだけで、暮らしと仕事がいい方向に進んでいくことをすぐに実感するだろう。

「ちょっと夜食でも」から
「おなかがすいたから寝よう」へ。

23

満腹を捨てる。

A Hungry Dog Hunts Best

〝食べ過ぎ〟に対応できる人間はいない。

CHAPTER:3

23

満腹を捨てる。

若いうちは、たくさん食べてしまいがちだ。

それでも、健康も、体型も崩れにくい。

おまけに、よく食べたり、飲んだりすれば、喜ばれたり、ほめられたりする。

だからダイエット中でもなければ、食べ過ぎを気にする若者は少ない。

食べ過ぎが定着する前に、「お腹が減ってないなら食べない」と決めよう。

正午になったから昼食、夜7時になったから晩飯、ではなく本来は「空腹だから食べる」が正しい。

多くの人は、ただ退屈や不安をまぎらわせるために必要以上を食べている。

でも２５０万年という長い人類史の中で〝過食〟の歴史はせいぜい１００年くらいの話。まだ人間の体は、食べ過ぎに対応できていないのが科学的な事実。

一部の野生動物と違って人間は食いだめができないため、食べ過ぎた分は体脂肪になるだけでなく、血管や内臓を弱らせ、人体に深刻なダメージを与える。

最悪なのが寝る前の食べ過ぎ。現代人の〝24時間満腹状態〟というのが、あらゆる成人病のもとになっている。

出された料理は全部食べないと、「もったいない」と感じるかもしれないが、

無理して食べたところで、胃が重くなったり、眠くなったり、病気に

CHAPTER:3

23 満腹を捨てる。

なるだけだ。

「よく食べる」のは全然偉くない。

ある年齢をすぎると、人は体型と健康を崩しはじめるが、それは突然の出来事ではなく、20代から続けた食習慣の結果だと知っておこう。

三食にとらわれることなく、空腹を待ってからゆっくり食べよう。

「もっと食べられる」から「本当にまだ食べたい?」へ。

24 ワンパターンな日常を捨てる。

A Little Special Changes Everything

昨日と違う生活をしてみる。

CHAPTER:3

24 ワンパターンな日常を捨てる。

起きたら、朝の空気にめいっぱい触れる。

同じ日は一つもない。

空の色、スズメのさえずり、街が動きはじめる気配、風の動き。

地球の小さな変化を感じようと意識を集中すると、五感が目覚めはじめる。

朝日がのぼるとともに、ノートかラップトップを片手に公園へ。

自然とつながりながら自分と向き合う、ひとり会議は最高だ。

世の中が動き出す前が、もっとも自由を感じられる時間。

ラッシュの前に、誰よりも早く出社する。昼食の時間を早め、仕事も早めに切り上げる。

夕食会は、まだ人が混み合わないお店の開店直後からスタート。

大好きな仲間と、いつもと違うお店で、いつもと違う話題で盛り上がる。

明日も早いからと、早めに切り上げて店を出る。

駅からいつもと一本違う道を歩いて帰る。

家に着いたら、すぐシャワーを浴び、寝間着に着替える。

お茶を淹れて、大好きな音楽を聴きながら、明日の準備を終えてしまう。

そして消灯。

こんなに早く？　という時間にベッドに入るのがもっとも贅沢だ。

日没後、脳は活動をやめようとする構造になっていて、

夜は思考がネガティブになるから、悩み事は明日の朝にまかせて就寝。

そしてまた、夜明けとともに、まったく違う新しい一日がはじまる。

CHAPTER:3

24

ワンパターンな日常を捨てる。

少しだけ、生活パターンを変えてみる。
たったそれだけのことで、負の循環から抜け出して、時間に追われることなく、すべての時間を自分のものにすることができる。

「なんかいいことないかな？」から
「今日はどんな楽しい一日にできるだろう？」へ。

25
他人の気配を捨てる。

Be Yourself

ひとりで森に出かけよう。

CHAPTER:3

25

他人の気配を捨てる。

ぼくが街でひとり暮らしをしていた頃、つねにまわりに人々の気配があった。

あらゆる種類の音が聞こえてくるし、外は夜でも明るかった。

そしてなぜか、言葉にできない圧迫感、焦燥感に襲われていた。

部屋にひとりでいると、まわりの人の気配を感じてむしろ孤独に耐えられなくなる。

誰かがいるから、孤独を感じるんだ。

きっと当時、部屋の中も人生もノイズだらけで、余計な荷物を背負いすぎていたんだと思う。

そのせいで思考が複雑化して心は乱れ、いつも無意味なことで悩んでいた。

週末に街を離れる。そして森へ向かう。

森の中、誰もいない静寂。聞こえるのは風で葉がこすれる音だけ。

それなのに、まったく孤独を感じない。

テントを張ってたったひとりで夜を過ごしていても、
不思議と「誰かとつながっていたい」という気持ちは湧き上がってこない。

大自然の存在を感じ、ゆったりと呼吸できる。

思考がシンプルになって心は整い、複雑にからみ合っていた悩みのすべてがどうでもよくなってくる。

毎日、やるべきことをこなすだけで時間がない。

でも時間がないから、落ち着けないんじゃなくて、心が落ち着かないから、無駄に焦り、静かな時間を持てないだけだと気づく。

25 他人の気配を捨てる。

ひとりで街から離れて、なにも考えずに自分の心と向き合う時間。

まったくノイズのない大自然の景色が、散らかった心をリセットしてくれる。

木々の香りがただよい、野鳥たちがやさしくさえずる地球の上で、自分が今生きていることを確認してみてほしい。

「森に行っている暇なんてない」から「時間を取って森に出かけてみよう」へ。

26

〝常識〟を捨てる。

Stay Foolish

「芸術の時間」を予定に入れよう。

CHAPTER:3

26 〝常識〟を捨てる。

誰もが〝芸術性〟〝創造性〟を持っている。

けれど、言葉の響きが高尚すぎるからか、多くの人が自分の〝芸術性〟〝創造性〟を認めたがらない。

「アートでは食っていけない」「アーティスト気取りは恥ずかしい」といった風潮や、先生や親や友だちの〝マトモ〟な助言が、あなたを芸術の世界から遠ざけてしまったのかもしれない。

「他人と違う」と思われるのが怖い気持ちが、あなたの中の〝アーティスト性〟を封じ込めたのかもしれない。地球上、誰ひとりとして同じ人間は存在せず、本来、人は誰もがアーティストなのに。

自分自身を思い出すための時間、〝アーティストタイム〟を週末に作ろう。

この時間は、自分が自分でいるためのトレーニングだ。

絵や音楽やダンスなどの創作活動をはじめろと言っているわけではない。

ただ、自分の心とつながり、その声に耳を傾けるだけ。

心に静寂が訪れたとき、自然に湧き上がってくる静かな衝動をまっすぐ受けとる。

ずっと放置していた「真の望み」や「本音」が息を吹き返すだろう。

〝アーティストタイム〟なんて、マトモな人のする行為じゃないって？

〝マトモな人の感覚〟とは、他人が勝手に作った無意味な常識、ただの幻想だ。

他人の常識を手放さないと、いつまでも自分を取り戻すことはできな

CHAPTER:3

26

〝常識〟を捨てる。

い。

ほんのわずかな時間でもいい。他人の目を一切気にしない、自分のためだけの時間を作るんだ。

心の声はとても小さい。ノイズが少しでもあると聞こえない。

外の情報を遮断し、ノイズを消去し、人の声も、喧騒も、文字もない静寂の世界へ。

体の緊張を解き、あるがままの姿を思い出せ。

「どう思われるか？」から
「なにが出てくるか？」へ。

27

言葉の汚れを捨てる。

You are What You Say

へとへとになるまで歩いて、
言葉を捨てる。

CHAPTER:3

27 言葉の汚れを捨てる。

ふだん、どんな言葉を使っているだろうか。

生活に疲れてくると、頭の中に嫌な言葉が充満してくる。

「なんで自分ばっかり」「あのひと言が許せない」「イライラする」そういう攻撃的な言葉は自分の中に染み込んで、荒れた雰囲気を作り出していく。

そして使えば使うほど、ヒートアップしてしまうのが言葉の怖いところ。

そこから脱却する一番簡単な方法は、今いる場所から移動すること。

いったん今やっていることを断ち切って、外に飛び出してみる。

外気を思いっ切り吸い込んで、空を見上げてみよう。

深呼吸しながら雲の動きを目で追い、ゆっくり歩きはじめる。

雲は風の存在を教えてくれる。空はもっとも身近な大自然だ。

ビル街でも、真上を見上げれば大空がある。深くて青く澄んだ空。大気が頬をなでる感触を感じる。

少し落ち着いてきたら、自分の感情を静かに眺めてみよう。

まるで空の上から自分を見下ろすような感覚で、ただぼんやりと。

すると「自分が、自分が」となっていたモードから、するっと抜けられる瞬間がくる。

それでもイライラが収まらなかったら、次の休みの日にどれくらい遠くまで歩けるか試してみよう。

歩くという行為は、人の思考をシンプルにし、心を静めてくれる。

歩けば歩くほど、思考からノイズがそぎ落とされ、新しく起こすべき行動のアイデアが明確になっていく。

現代人は、歩く時間が短すぎる。歩行瞑想とは、もっとも古い瞑想の

CHAPTER:3

27

言葉の汚れを捨てる。

ひとつなのに。
もし自分らしいリズムを忘れ、自分を見失ったら、まず歩く。
長い距離を歩くと、自分の力だけで前進していることを実感できる。
この星に生まれたものとして、本来の自分を思い出すために歩くんだ。

「なんで？　なんで？」から
「こうすればよくなるか？」へ。

28 根性という概念を捨てる。

Long Slow Distance

頂上にたどり着くだけではなく、
道のりのすべてを楽しみたい。

CHAPTER:3

28 根性という概念を捨てる。

仕事をいくつも同時に抱え、心が休まらない人は多い。

社会人になると、いつも短期的な成果を求められ、気づかないうちに限界以上の仕事を背負わされてしまうからだ。

毎日の無理はちょっとずつ重ねることができる。

しかし、〝無理〟は続けていくと〝慣れ〟に変わり、やがて〝慣れ〟は〝日常〟となる。

そのうち自分が今苦しいのか、疲れているのかどうかもわからなくなってしまう。

どんなに仕事が好きでも、疲れ切る前に休むのが、仕事を楽しみ続けるコツだ。


登山の世界では、体が発するかすかな悲鳴を聞き逃すと、命取りになる。

呼吸が乱れたら休憩かペースダウン。膝に重みを感じたら立ち止まってストレッチ。発汗したら服を一枚脱ぎ、塩をなめる。山では、喉が渇いた時点で脱水症状なんだ。

わずかな異変をすべてケアすれば、山道を二週間歩いても疲労感はない。

かつて、登山とは苦しいものだと教えられた。山頂に立って絶景を目にするまでは、途中どんなにつらくても我慢して根性で歩けと。

それは、社会人として身に付けさせられた価値観と同じだ。

でも時代は変わった。

「寝不足や体調不良を我慢しろ」なんて、もはやありえない。

28 根性という概念を捨てる。

毎日、自分の体と心に気を配り、わずかな違和感をちゃんと感じ取ること。

それが仕事で成果を出し続けるための最善策なんだから。

重荷に耐えて生きるのが社会人だと思っていたら、いつまでも途中のすばらしい景色を味わえないよ。

「いかに大変か」から「どうしたらもっと楽しめるか」へ。

29

〝勉強のための勉強〟を捨てる。

Studying is Just a Tool

心を重くする勉強は意味がない。

CHAPTER:3

29 〝勉強のための勉強〟を捨てる。

「とりあえずやっておく」という勉強や資格ほど無駄なものはない。なんの役にも立たないどころか、大切な時間とお金、気力と体力を奪っていくものだから。

習得すべき資格や知識は、人生で向かいたい方向に進む上で必要かどうか、夢の実現につながるかどうかで決める。

向かいたい方向や夢がわからないのなら、「デジタルデバイスの活用術」「情報リテラシー」「コミュニケーション英語」を身につけよう。

「英語」は難しい？　それは刷り込まれたイメージだ。

世界で実際に使われている英語は変わってきている。たとえば、海外のウェブサイトの英語はどんどんシンプルになっている。

ネットによる超グローバル化で、英語が母国語じゃない人たちが増え、「簡易的なコミュニケーション英語」がスタンダードになってきているからだ。急増する「英語を母国語としない人」の英語の多くは、文法も発音も雑でボキャブラリーは日本の中学校レベル。それでも言いたいことは伝わってくる。

ビジネスでハードな交渉や難しいプレゼンでもしない限り、旅、長期滞在、海外生活に難しい英語はそんなに必要ない。

ここで、最小労力で最大効果を得るミニマル英語学習法を紹介する。

【基礎1】自分の中学校の教科書で日常会話の基礎を学ぶ。

CHAPTER:3

29 〝勉強のための勉強〞を捨てる。

中学生の教科書に出てくる単語、文法、構文、ライティングはすべて身に付ける。中学英語を、大人になって復習すると驚くほど簡単なことに気づくだろう。実は日常英会話レベルだとここまででOK。

【基礎2】自分の高校の教科書でリーディングを学ぶ。

高校生の教科書レベルの文章は読めるだけでいい。そのために単語はできる限り覚えた方がいいが、日常会話では使わないアカデミックな単語は捨てていい。難しい文法、構文はパス。すべて習得して完璧に使えるようになろうと思ったら一生かかる。

【基礎3】NHKの英語教材でリスニングを学ぶ。

『ラジオビジネス英語』が安くて上質、ストーリーが面白く生きた英語を学べる。無料の『NHKゴガクアプリ』をスマホにダウンロードし、テキストを買うか電子版を購入（月550円）。まとめ聴きせず、1回分15分を毎日聴くことでリスニング能力が身に付く。全部聴き取れなくても次に進むこと。リスニングをクリアすれば英会話力は8割完成。

【実践1】好きな映画を字幕付きで何回も観る。

まずは〝日本語字幕〟をオンにして一気に観る。次は〝英語字幕〟をオンにして毎日少しずつ観る。同じ映画を何回も観ていると、会話の型を覚えられるようになる。ここまでくると英語は楽しくなっている！

【実践2】必要なライティングとスピーキングを最短で習得する。

「経歴、仕事や趣味、興味の対象や得意なこと」「毎日のできごと、日々

29 〝勉強のための勉強〞を捨てる。

考えていること」を英語で日記に書き、オンライン英会話の先生に添削してもらい、それを書いて話せるようになれば完璧だ。

教科書の例文をそのまま実生活で使うことはほぼない。「自分のこと、自分の考え」を伝えるためのオリジナル例文の数を増やすことがコミュニケーション英語習得への近道なのだ（＊1）。

英語というツールがぼくの人生を自由にしてくれた。

ニュージーランドの永住権を取るためには、英検一級レベルの英語力が必要で、勉強ぎらいだったぼくが英語だけは必死で勉強したんだ。

＊1『英語日記BOY 海外で夢を叶える英語勉強法』新井リオ著（左右社）

「とりあえず知識を付けよう」から「必要な知識を付けよう」へ。

30

雑音を捨てる。

Hear the Silence

瞑想ほど簡単な、頭の整理術はない。

CHAPTER:3

30

雑音を捨てる。

なにかに心を集中させるために。

忙しい日々に静寂を取り戻すために。

一番簡単にできることは、〝瞑想〟だと思っている。

瞑想って言うと、「え？」と、引いてしまう人もいるかもしれない。

でも基本は、静かなところで目を閉じるか半目になり、、呼吸に意識を向けるだけ。

深呼吸のちょっとこだわったレベルの、気楽なものだと考えてほしい。

「頭の中を無にする」にはちょっとしたコツがいるんだが、あるとき山奥で出会ったネパール人から、いいやり方を教えてもらった。

まずあぐらをかく。

それから両手を上に向けて広げ、両ひざの上に置き、親指と人差し指の先をちょこんと触れさせる。

目を閉じて、静かに呼吸をはじめる。できる限り深く、そーっと。耳は、自分の呼吸音だけに集中させる。イメージは、呼吸だけをゆっくり追跡していくような感じで。新鮮な空気が鼻の穴をとおり、肺をふくらませていく。そして吸うとき以上に、吐くときに集中する。

そのあと頭の中で、イメージを髪の先から頭皮へ、頭皮から頭蓋骨へ、それから脳の中、眉毛、まぶた、まつげ、目、鼻、唇、あご、喉の奥……という具合に体の内外のパーツ一つひとつ、上から下へと意識をうつしていく。

足のつま先までいったら、その次は自分が着ている服を、それから自分がいる部屋を、その部屋がある建物を、建物があるすぐ近所を、町や区や市を、都道府県を、日本を、地球を、とゆっくり意識のカメラを外に向けて引いていく。

CHAPTER:3

30

雑音を捨てる。

まずは10分。目標は30分。
時間をかければかけるほど、頭は軽くなって意識がクリアになる。
すると心が整うだけでなく、不思議なことに体内までがすっきりするんだ。

「考えないようにする」から
「自分の心を観察する」へ。

人間関係

CHAPTER:4

付き合いが悪くてもいい。
うまく話せなくてもいい。
味方はひとりいればいい。

大勢とのつながりよりも、
自分らしさを引き出してくれる、
本当の仲間だけを大切に。
あとは自分のことに集中すればいい。
そうすればネガティブオーラなんてすぐに消えるよ。

31

人脈を捨てる。

Off the Road

変人は自由。無駄な誘いがこなくなる。

CHAPTER:4

31 人脈を捨てる。

「断る」というのは、かなりのパワーを消費する行為だ。

積極的にたくさんの人とお付き合いをした方がいい。そういう考え方もある。

心がつながっていない便宜上の人間関係でも、いつ誰のお世話になるかわからないからコミュニケーションを絶やすなという考え方だ。

でも無理に明るく振る舞って人に調子を合わせ続けるくらいなら〝付き合いの悪いヤツ〟というレッテルを貼られた方がマシだ。

付き合いを断って取り戻した貴重な時間を、自分のため、大切な人のために費やした方がいい。

メッセージを受け取って、返信をしないのは気が引ける。

電話も応答せずにいるのは難しい。

人とのつながりが生まれると同時に、自分の時間を失う。

つまり人生の一部が、他人の持ち物になってしまうんだ。

そもそも〝単なる知り合い〟はそんなにいらない。

広く、浅くの人脈がもたらすのは、知り合いがたくさんいるという安心感だけ。そしてあなたの時間を奪っていく。

集めただけの名刺の束に意味はない。なにも創造してくれない。

「あいつはちょっと変わってる」と思われたっていいじゃないか。

変人になると少しだけ孤独になるが、他人に合わせる仮面から解放され、自分を取り戻せて、本当に大切な人の存在に気づけるようになる。

SNSのおかげで距離を超えて、そんな変人同士がつながれるようになった。

自分の趣味、興味、考えていることを発信すればするほど、深く理解し合える仲間と出会いやすくなっている。
変人同士は出会った瞬間にわかる。しかも、お互いに。
人脈を惜しむ心を捨てれば、捨てた以上のすばらしい出会いが待っている。

「空いているから入れる約束」から
「どうしても外したくない約束」へ。

CHAPTER:4

31 人脈を捨てる。

32

〝なじみ〟を捨てる。

Leave Your Home

孤独に慣れろ。

CHAPTER:4

32 〝なじみ〞を捨てる。

なじみの人といる時間は楽しい。

一緒に盛り上がったイベント、苦労を分かち合ったプロジェクトなど、そのときの感覚や感動が瞬間的によみがえり、いい気分になれる。

なじみの仲間との気を使わなくていいひとときには、やすらぎがある。

でも、いつかはその〝なじみ〞を捨てるべきときがくる。

それは「今、情熱を持って取り組んでいること」について話せる人と、そうじゃない人に分かれたタイミングだ。

昔の話ばかりしたい人や、仕事や社会に対して愚痴を言いたい人は、時間をかけて次第にそういうグループでかたまっていく。

〝今〞に集中し人生を心から楽しんでいる人は、どのグループに属さなくてもよくなっていく。

だが不思議なことに、「今に集中する人」同士は自然とつながって縛りのない自由なコミュニティとなり、友を超えた同志になっていく。なじみのグループから離れるのは、引け目や罪悪感、せつない気持ちも生まれるだろう。

その感情と、どう向き合えるかが、より自由に生きるための試験だ。今いるところがすべてで、自分の居場所だと思ってしまいがちだ。だが地球はでかく、世界は広い。あなたにとって最適な居場所は必ずある。

「あのときはこうだったな」から「さあ、いこう」へ。

33

ゴールデンウィークを捨てる。

Real Freedom

そろそろ真剣に休み方を考えてみない？

ゴールデンウィーク、お盆、大型連休、年末年始……。

ほとんどの人が定められた休みの日に、お約束の行楽地に押し寄せる。海水浴でも温泉でもスノボでも同じ。そのレジャーに求めていたはずの感動と、渋滞や行列や混雑の苦しみとの間にギャップがありすぎる。

その体験は、はたして費やしたお金、時間、労力に見合っているだろうか？


休みを他人とずらそう。

土日に休むのではなく、月に一度は〝金土〟もしくは〝日月〟に休みを取ったり、土日の前後どちらかを休んで3連休をつくろう。

年に一度は全力を尽くして、平日の5日間に有休を投下し、前後の週末（4日間）を合わせてオリジナルの9連休を取ろう。

CHAPTER:4

33 ゴールデンウィークを捨てる。

そんなの簡単じゃないという人がいる。

だが、その価値は保証する。ピークを外した9連休は至高だ。

いつもの街が、旅先の景色が、光り輝いて見えるだろう。

オリジナルの9連休を取るのは一年がかりのプロジェクトだと考える。

過去数年の年間スケジュールを研究した上で、一年以上先の9連休に誓いを立てる。

この誓いはつねに最優先だ。仕事が入りそうになったら、「そこは前々から決まっている別件がありまして」とその場で即答する。

ポイントは、丁寧な謝罪の言葉とともに〝その場で即答〟すること。いったん持ち帰ったり、少し考える、というスタンスを見せると、断りにくくなる。確固たる姿勢を示すことで、「あ、はずせない重要案件があるんだ」と相手は納得する。これを何度も繰り返すことでオリジナルの9連休を死守することができるんだ。

自分で創り出した自分のための時間。

その時間をなにに使うか、誰のために使うかが、あなたが何者であるかを決めるんだ。

「休みになにしよう?」から「これがしたくて休む」へ。

34

ときどき〝他人の目〟を捨てる。

Unlock Your Heart

毎回こちらから先に心を開こう。

ぼくは元々ひどい赤面症で、初対面の人の前では異常に緊張する人間だった。

でもあるときから、怖くても自分から想いをさらけ出した方が楽だと知る。

感動してどうしても伝えたいことがあって、うまく言葉にできないが、とにかく話し続けたことがあった。あいかわらず顔は熱くなり、言葉はたどたどしいまま。「とにかくスゴイんです！」と言い続けていたら、自意識と恥の意識からふっと解放された。

そのしばらくあと、人と話すことへの恐怖感が少し薄れていることに気づいたんだ。

なにか知りたかったら、「教えてください」と自分からまっすぐにお願いしよう。誰かのことが好きなら、その気持ちを言葉にしよう。

CHAPTER:4

34 ときどき〝他人の目〟を捨てる。

最初はうまくいかないことの方が多いかもしれない。

でも、少しずつでもいい、自分をまっすぐさらけ出す時間を持とう。

人間と動物の差はなにから生まれたのか。文化人類学では、火を使ったこと、道具を使ったこと、言葉を使ったことなどの説がある。

でもぼくが大好きで勝手に信じているのは、「歌ったこと」という説。歌うことで、人間は他の動物とは違う存在になったという。

なにかが心の中で弾けたとき、その感情を表現するしかなかった。水が不足すれば、雨が欲しいと空に向かって叫ぶ。愛する人に熱い気持ちを伝えたくてどうしようもなくて叫ぶ。

やがてその叫びに抑揚やメロディをつけるようになり、感情に音色を付けるようになり、歌詞のない歌になったという。

超一流のアーティストたちに共通すること。それは「すべてをさらけ出すこと」に対して、勇気があるだけでなくまったく迷いがないこと。

彼らにも、ダメなところ、弱いところはいっぱいある。それでも、舞台に立った瞬間、すべてをさらけ出して歌うことができる。

一万人の観客の心に気持ちを届けられるのは、歌のうまさではない。ありのまま、まっすぐに想いを伝えたい、その感情を解放できる情熱だけだ。

「どう思われているか」から
「いかに伝えたいか」へ。

35

「みんな平等」の精神を捨てる。

Your Soul Mate

大切にすべき人をちゃんと決める。

多くの人たちと関わり合いながら生きている。

毎日会っている人、定期的に会っている人、ＳＮＳだけでつながっている人、しばらく会っていない人。

この先の人生を、もっと自由に生きていくために、自分はいったい誰を大切にすればいいのか。


答えは簡単。


それは、「自分のためにリスクを引き受けてくれた人」だ。

あなたがなんの役に立つのか、なんの得になるのか、まだまったくわからなかった頃に、時間と労力を、あなたのために惜しげもなく使ってくれた人だ。

CHAPTER:4

35 「みんな平等」の精神を捨てる。

古来、その人のことを〝恩人〟と呼ぶ。

その人だけは、ずっと特別扱いしてもいい。

そのことで、まわりから反感を買っても気にすることはない。

恩人が緊急事態に陥り、あなたを必要とするとき、あなたが持っている時間と労力を、全力でその人に注ぎこもう。

そもそも、損得を考えて近づいてくる人間とは付き合う必要はない。

あなたが調子のいいときは寄ってくるけど、本当に助けて欲しいときに、そういう人は一目散に逃げ出していくものだから。


恩を恩で返すことに、なんの躊躇（ちゅうちょ）もいらない。

「あなたがそこまで言うなら」と笑顔で力を貸してくれる仲間だけを、思いっ切り大切にしよう。

「みんな呼ぼうよ」から
「あいつ呼ぼうよ」へ。

36 ちっぽけな反骨心を捨てる。

A Little Step for a Big Jump

伝統的なマナーは身に付けてしまえ。

朝「おはようございます」と言う。

なにかしてもらったら、お礼を言う。約束の時間に遅れそうになったら事前に連絡する。一番偉い人を最初に通す。目上の人にタクシーの上座を譲る。名刺をちゃんとした作法で渡す。

常識知らずの10代を過ごしたぼくは、20代になって先輩に怒られながらそういう〝礼儀作法〟を必死になって身に付けた。

20代は大人のビジネスマナーを身に付けるべき時期だ。

マナーの中には一見、馬鹿らしいと感じるものもあるかもしれない。だからといってそのまま無視していると、自分の知らないところで誰かを不快な気持ちにさせて、自分が損をしているかもしれない。

作法がなっていないというだけで、ものすごく冷たく対応されるのが

36 ちっぽけな反骨心を捨てる。

社会のつねだから。

どんなに仕事ができる人でも、どんなに魅力的な人でも、「たった一回の無礼」で印象を台無しにしていることは多い。

古いマナーにこだわる大人は自由じゃない？

そんなことはない。

マナーの本質は、相手の立場に立って思いやりある振る舞いをすること。

マナーという〝型〟を身に付けてしまえば、必要以上に気を使わなくてもいいから人生が楽になる。

自由に生きている人こそ、そのことをよく理解し、伝統的なマナーを身に付けているものだ。

ただし、10年程度の常識やルールは盲信しないこと。だが、100年以上大切にされてきた礼儀作法には、人間関係がぎくしゃくしないための先人の知恵が凝縮されている。

完璧で美しく、合理的なんだ。

いつ身に付けたとしても、早すぎることはないし、遅すぎることもない。


「今さら面倒くさい」から「ちゃんとしておけば自由」へ。

37

メッセージのチェック癖を捨てる。

Shut Out

チャットと電話はなるべく排除する。

多くの人が、メッセージのチェックに膨大な時間を費やしている。会議でも、作業中でも、メールもチャットも開きっぱなし。しかも、のぞまないメッセージが次々とやってくる。

自分から求めていない情報はすべてノイズだ。来るものすべてにいちいち反応していたら、そのたびに集中力が遮断されるし、だんだん自分がなにをしたかったのかも忘れていってしまうからだ。

まずは、気づけば勝手に増えている「メルマガの類い」をいったんすべて購読解除。いったんリセットするために、メールアドレスやチャットアプリのアカウントを変えてもいい。

その上で自分と向き合い、本当に欲しい情報はなにかを考える。

CHAPTER:4

37 メッセージのチェック癖を捨てる。

また、〝メッセージを見る時間〟を決める。

ふだんは朝と夕方だけでいい。〝通知されてつい見てしまい即レス〟という受け身ではなく、自分の意思で能動的に対応するんだ。

特にチャットアプリは集中力をいちじるしく阻害し、いずれは人生を台無しにする可能性があるから注意。

電話も危険だ。自分の時間に土足で踏み込ませるのと同じ。かかってきた電話すべてに出ていたら、目の前の大切なこと、大切な人と向き合えなくなる。

電話が鳴ったら、いったん必ず「今、この電話に出るべきかどうか？」と自分の心に聞いてみよう。

友だちだから、クライアントだから、即対応しなきゃいけない？

本当にそうだろうか？

情報やコミュニケーションに対して〝受け身〟というスタンスは完全に捨てよう。

あなたは24時間、電話やメッセージにつながれているわけじゃない。

本当に大切なことはいつも目の前にある。

「連絡ください」から「こちらから連絡します」へ。

38

ライバル心を捨てる。

Chase Nobody but Yourself

「勝ちたい相手」はゼロでいい。

年齢、職業、立場を問わず、誰だって「人に認められたい」という承認欲求を持っている。

でも人に認められようと、自分を誇張したり、他人を貶めようとしたりするのはカッコ悪すぎる。


負けたくないなら、勝とうとしなければいい。

むやみに勝ち負けにこだわるから、勝手に負けたと思い込む。その不毛な行いを重ね続けることで、負け犬根性が芽生えてしまう。

この人より勝っているかどうか、このグループの中では何番目だとか、負けている分を取り返そうなどと考えない。


隣の芝生は青くない。

CHAPTER:4

38 ライバル心を捨てる。

自分のテリトリーだけに集中しよう。

他人に評価されようと、いい部屋に住んだり、流行りの服を着るよりも、自分が心地いい空間と服を確保し、気持ちを上げてくれる音楽を聴きながら、大好きなことに没頭している方がよっぽどいい。

他人の目を気にせず、本心から望む方向に進んでさえいれば、勝ち負けなんてどうでもよくなってくる。

生き方においては、自己満足をめざすヤツが最強だ。

つねにめざすべきは、「勝ち組になる」ではなく、自己ベスト。

まわりを見るな。向き合うべきは自分自身だ。

自分で自分を楽しませ続けて、自分で自分の承認欲求を満たしていれば、自然とすばらしい仲間が集まってくるようになる。

「あいつには勝ちたい」から
「自分のスタイルを楽しむ」へ。

39

「すみません」の盾を捨てる。

Dig the Root

すぐに身を守ろうとしない。

なんでも非を認めると楽だ。

会議に5分遅刻しても、書類の記入を間違えても、伝票の数字を見落としても、しっかり目を見て、「すみません」と謝罪すれば多くのことが許される。

だけど「すみません」を言いすぎると、思考停止におちいる。

言葉から魂が抜けて、発言が軽くなるから、まわりの信頼を失っていく。それだけでなく、あなた自身が、自分を信じられなくなっていく。

もちろん誰だってミスはある。

悪いと思ったら、すぐに心を込めて謝るべきだ。

問題は、「すみません」という言葉だけで、その場をとりつくろってしまうこと。

CHAPTER:4

39

「すみません」の盾を捨てる。

簡単に「すみません」と言ってはいけない。

言い訳をしろというわけではなく、

「なにがいけなかったのか？」

「いいかげんな判断が原因のトラブルでは？」

「本当は、自分の中に信念があったんじゃないか？」

「詫びるべきことはなんなのか？」

自分なりにはっきりさせてから、頭を下げよう。

心の底から反省し、謝罪の言葉を本気で口にできて、その失敗から次へのステップを体得するんだ。

それができる人間だけが、信頼されて、より大きなチャンスをまかせられるようになるから。

「自分が悪いに決まってる」から
「自分の行動のなにがいけなかったのか?」へ。

40

遠慮を捨てる。

Agreement Breaker

ここぞっていうときを逃さないこと。

「職場でうまくやっていく」というのは、サークルのように仲良くすることじゃない。

プロ同士が本気で仕事をしようと思えば、意見が食い違ってくるのは当然だ。

目に見えない緊張感に圧倒されると、「ここは出しゃばるべきではない」と、つい引き下がる。

「みなさんの考え方を尊重します」と言えば聞こえがいいかもしれない。場の雰囲気が良くなることを言い続けるのも簡単だ。

しかし、まわりの意見に同調してばかりいたら、仕事はいつまでたっても自分のものにならない。

CHAPTER:4

40 遠慮を捨てる。

仕事に正解はない。

たとえ経験が浅くても、

(これっておかしいんじゃないか?)

という小さな心の声が聞こえたら、空気を壊してでも、遠慮せずに思ったことを伝えよう。


その発言によって、どんより重い雰囲気になってしまうかもしれない。

あなたの勘違いだったとわかり、罵倒されるかもしれない。

でも、あなたが仕事のことを本気で考えているかどうかは、言葉と表情で伝わるものだ。


場の空気を壊すリスクにめげず、何度も痛い目に遭いながら、本気の思いを言葉にしていく人だけが、プロとして認められていく。
どんなにつたない表現でもかまわない。
真剣なら声を上げろ。

「間違うのが恥ずかしい」から
「間違うほど成長する」へ。

CHAPTER:4

40 遠慮を捨てる。

ライフスタイル

CHAPTER:5

やれることは無数にある。
だが、本当に「今やるべきこと」は
一つしかない。
自分はどうしたいのか。
なにが好きで
なににワクワクするのか。
その答えは誰も教えてくれない。
胸の奥の深いところに耳を澄ませ。
真の望みを発掘しろ。
優先順位がわかったら、
あとは実行にうつすのみ。

41

「無いと不安」を捨てる。

Be Naked and Solid

軽さこそが、正義。

CHAPTER:5

41 「無いと不安」を捨てる。

若い頃はいろんなものを持っていないと不安で、本や資料、大小さまざまなデバイス、ペンとノート、予備のメイク道具、いつ誰からもらったのかすら忘れたものなど、なんでもカバンに詰め込みがちだ。

それでも、体力があるからなんとかなってしまう。

ぼくも当時は無駄に多くの荷物を背負い、毎日フラフラだった。

登山でも同じ。荷を詰めすぎたバックパックが重く、登頂することだけに精一杯で、山歩きそのものや、途中で目にする景色をまったく楽しめなかった。

でもあるときから「あればよかったもの」よりも、「なくてよかったもの」に焦点を当てるようにしてみた。

荷物が重すぎると、山ではケガや事故につながる。

そこで自分にとって必要なアイテムを把握した上で、ギリギリまで軽量化にトライしていった。

50代目前の夏、2週間かけて北アルプスを完全縦断したとき、食料、テント、寝袋、着替えなど〝衣食住〟すべてをバックパックに入れて15キロ未満。20代の頃は30キロ近かったから半分以下だ。

テクノロジーの進化によってギアが軽量化したというのもあるが、経験を重ねたこと、山で鍛えられてぼくの感覚が研ぎすまされたことで、「いる、いらない」の判断基準がはっきりしてきたからだ。

山だけではなく街でも、極限まで荷物の軽量化と最小化を突き詰めるようになった。

そうしたら、苦しかった毎日が急に楽になり、ささいなこと、大切な

CHAPTER:5

41

「無いと不安」を捨てる。

ことを感じ取れるセンサーが鋭くなってきた。
荷物は軽い方がいい。これは絶対だ。
「持っている安心」よりも、「ほとんど手ぶら」で味わう自由さを。

「とりあえず持っていこう」から
「ためしに置いていってみよう」へ。

42

慣れた住まいを捨てる。

Nomad Style

拠点を変えるほど発想力は上がる。

CHAPTER:5

42 慣れた住まいを捨てる。

ほとんどの人にとって、家は一箇所、仕事をする場所も一箇所だろう。

そして、同じようなところに拠点を構え続ける。

なぜ？

駅からの距離や会社への通勤時間、つまり利便性。

だが、それだけで定住地を決めなくてもいいはずだ。

暮らす場所、働く場所、行きつけの場所など。

場所を変えるだけで、いとも簡単に「新しい生き方」がはじまる。

見えなかったものが見え、縁がなかったかもしれない人と出会い、知らなかった新しい価値観を知るようになる。

少し前までは、一部の作家や資産家といった限られた人しか、移動しながら自由に生きるなんてできなかった。

でもモバイル機器や、インターネット環境の発達、さらにコロナ禍を経て、好きな場所で暮らし、働くことが不可能ではなくなった。

気が向いたら次の場所に移動してみよう。この街が気に入ったからちょっと住んでみたい。そんなことができる時代になってきた。

もはや狭い会議室にこだわる必要はない。「ここにいるとアイデアが出やすい」という、それぞれが大好きな場所にいながらのオンラインミーティングの方がいいだろう。

また拠点をうつすたびに、身の回りをリセットすることもできる。思い込みや考え方だけではなく、モノや人間関係も整理することができるんだ。

わずらわしい物事が一気に減ってすっきりするから、集中力が増し、気力が充実し、判断力が高まりいいスパイラルに入っていける。

さあ地図を広げて、心ひかれるすべての場所にマーキングしてみよう。

CHAPTER:5

42

慣れた住まいを捨てる。

別に難しいことじゃない。

職場に縛られない新しい生き方は、「やってみたい」という好奇心と「絶対に実現させる」という信念さえあれば、あなたも実現できると心に刻んでほしいんだ。

「なにかと便利な場所」から
「ワクワクさせてくれる場所」へ。

43

「あれもこれも」を捨てる。

True to Yourself

そこら中につけたツバで、
身動きが取れなくなる。

CHAPTER:5

43 「あれもこれも」を捨てる。

人生は優先順位の付け方で決まる。

自分はどう生きたいのか。人生の夢はなんなのか。

そのために今なにをすべきか。

それに集中するために、なにを手放すべきか。

そこから導き出される、たった一つの決意に真正面から取り組む。

あれもこれもと手を出すと、その分だけ選択肢と迷いが増え、今なにをすべきかわからなくなり、どうでもいい行動を次々にしてしまう。

そのどうでもいいことに、無駄な時間・お金・エネルギーがどんどん奪われていく。


ぼくは、心の真ん中が発する「ニュージーランドの湖畔に暮らしたい」という声に従い、そこに近づくための行動に絞り込み、他のすべてを手放した。だから、日々の小さな取捨選択や、人生の大きな決断に迷わなかった。

15年もかかったけれど、一点集中し続けたからこそ夢を叶えられた。ニュージーランドの自宅前の湖と近くの海で魚を釣ってさばき、まわりの森で採集し、野菜と果物を育てる自給自足ライフ。

奇跡のような朝焼けの写真を人に見せると、「うらやましい！」と言われる。

でも実際、うちに遊びにきたほぼ全員が「この暮らしは無理だ」と言う。

ぼくにとっては理想の暮らしでも、別の人にとっては過酷な暮らしだったりする。

それでいい。他人や世間はどうでもいい。

CHAPTER:5

43

「あれもこれも」を捨てる。

大事なことは、自分の心が望む生き方をとことん追求すること。
同調圧力や世間体、誘惑や刹那的な欲望はみんなノイズだ。
自分の人生をどう生きるか。
その答えは外にはなく、あなたの内側にしかない。
内なる声に耳を澄まそう。
そして今日こそ、その声に従う勇気を持つと決意しよう。

「あれもこれもやりたい」から
「これしかしない」へ。

44 照れを捨てる。

Dream Way

欲求を惜しみなく伝える。

CHAPTER:5

44 照れを捨てる。

心が発する〝真の望み〟を惜しみなく出そう。

初対面の人でもSNSでもいい、それを多くの人に表明してみる。

自分を見張るもうひとりの〝冷めた自分〟を消去し、堂々と胸を張って、「自分はこれがしたいこれが大好きだ」とはっきりと。

きっと、なんでそこまで熱く語るんだとあきれられるかもしれない。

それでも発信し続けるんだ。

すると、ある日気づくことになる。

まず、人に紹介される言葉が変わる。20代の頃のぼくの場合、「営業部の○○君」ではなく、「なぜかニュージーランドに行くのが夢だと言いまくっているヘンな○○君（笑）」と紹介されるようになった。

笑われてもいい。あなたを表現する〝記号〟が増えるだけで、覚えてもらいやすくなるからだ。これだけでも仕事のアドバンテージになる。

さらに、「近々こういうイベントがあるよ」「詳しい人を紹介しようか？」と、夢につながる情報が集まってくるようになる。

ニュージーランドに移住したいと宣言しまくってなかったら、「テレビでニュージーランドが特集されるよ」とか「親戚がニュージーランドに移住したよ」と教えてくれる人が現れるはずがない。

多くの人に〝自分の夢〟をインストールできたら、多くの人があなたの夢のサポーターになってくれる。

〝心から望むもの〟はただそれを明らかにするだけで、自然とあなたのところに集まってくる。

実は、世の中はそういう循環システムになっているんだ。

結果がどうなるかは、今のところ気にしなくていい。

CHAPTER:5

44

照れを捨てる。

まずは発信すること。するとあなたの世界が少しずつ動きはじめる。

「言ったら恥ずかしい」から「まず言う」へ。

45

〝つねにオンライン〟の習慣を捨てる。

Inner Quest

一日一回、オフライン時間を設定する。

CHAPTER:5

45

“つねにオンライン”の習慣を捨てる。

高性能デバイス、多様なSNS、広域ケータイ電波、衛星インターネットサービス……最新テクノロジーによって今や世界中、たとえ大自然の中でもコミュニケーションがとれるようになった。

そのせいか、四六時中ネットで、大勢とつながる騒がしい感覚が抜けない。

いつでもすぐ連絡がつく人が優秀とされてきたが、本当にそうか？

行き過ぎたこの超情報化社会で、自分が自分であり続けるためには、一日のうちのどこかに必ず、オフラインタイムを設定すべきだ。

最低でも、24時間のわずか1％の15分間。誰ともつながらず、外部情報にさらされない“心の静寂”を一日に一度、自分にプレゼントしてほしい。

あらかじめセットしたアラームが鳴ったら、やりかけのことがあっても、気がかりがあってもいったん忘れて、すべての通信機能をオフにするか電源を落とす。

デバイスの画面から目を離して〝心の待機状態〟を解除したら、今度は体の力を抜いて、あとは自分の内側と身体感覚だけに意識を向ける。

自分の心の存在を感じることが大切だ。

ゆったりとした時間の流れの中にいるあなた。

ノイズに邪魔され日中は聞こえていなかった、小さな小さな心の声が聞こえてくる。

オンライン中には思いつかなかった画期的なアイデアが湧いたり、本当はもう〝やめたい〟と思っていることや、わずかな違和感に、ふっと気づくことがある。

CHAPTER:5

45

〝つねにオンライン〟の習慣を捨てる。

いつの間にか放置していた、やりたかったことや大好きだったことを思い出すこともある。

周囲に流されず、あなたの人生を自由にデザインするためには、自分だけとつながる〝孤独な静寂時間〟がなによりも大事なんだ。

「いつでもつながる」から「つながりたいときにつながる」へ。

46

〃逃げない覚悟〃を捨てる。

Positive Escape

ポジティブな逃げ道を作ればいい。

CHAPTER:5

46 〝逃げない覚悟〟を捨てる。

勝負をするときに、度胸はいらない。

一か八かの本気の勝負をしたいなら逃げ道を作っておけばいい。それもポジティブな逃げ道を。

会社員だったぼくが、つねにインディペンデントな立場であり続けられたのは、いつでもやめられる覚悟があったからだ。

その覚悟ができた理由は、他に生きる術（すべ）、つまり逃げ道を持っていたから。

キャンプ生活のスキルがあったこと、得意な魚釣りと農家さんの手伝いで食糧調達もできたこと、教員免許を持っていたこと、大きな夢があったことだ。

食糧調達には困らない海辺の無料キャンプ場を知っていた。いざとなれば、そこで魚を釣り、農家さんを手伝っておすそ分けをもらい、自生する山菜や野草をとって食べ、大好きなテントで暮らせばいい。もしくは、学校の先生になるか、大好きなニュージーランドに移住すればいいと思っていた。

今考えてみれば、テント生活を何年も続けるなんて過酷だっただろう。教職もニュージーランド移住も簡単なことじゃない。確かな裏付けなんてなかった。

それでもよかった。

「いざとなったらこっちがある」と想像するだけで、自由な気持ちになれたし、仕事でも人生でも、大胆な決断ができたからだ。

「自分にはここしかない」と心が縛られた瞬間、恐ろしいほどの閉塞感に襲われ、人生に絶望してしまいそうだったんだ。

逃げ道を作るのはダサい、追い込まれなきゃダメだ、そういう考え方

CHAPTER:5

46 〝逃げない覚悟〟を捨てる。

もあるだろう。

でもぼくの場合、確かな勇気をくれたのは、いつも〝もうひとつの道〟の存在だった。

前向きな逃げ道があったからこそ、失敗を恐れず、いつでも思い切って挑戦することができた。

そのおかげで仕事で大きな成果を出せた。でも、それ以上のギフトは、行動すべての決断に悔いがなかったことだと知っておいてほしい。

「怖いけど、やっちゃえ」から「怖くないから、やっちゃえ」へ。

47 会社への忠誠心を捨てる。

Your Lifestyle

ライフラインをいくつか確保する。

CHAPTER:5

47 会社への忠誠心を捨てる。

あなたがもしも営業担当で、得意先が一つしかなければ、そこにしがみつくしかない。相手の言いなりにならざるをえず、革新的でクリエイティブな提案はできなくなる。

それなのに多くの人は、勤務している会社という〝クライアント一社〟だけにすがって生きていこうとする。極めてハイリスクで、いちじるしく不自由な状態だ。

他にライフラインを確保しておいた方がいい。副業が禁止されていても、交渉してみよう。副収入目的ではない活動だったり、趣味の延長だったりすれば、公務員でさえ特別に許可されることがある。

そうやって自分が他の仕事をする可能性について、シミュレーションとトレーニングを積み重ねる。これこそが、会社員時代のぼくが実践していた戦略だ。

大切なことは、他にも道があるという精神的なセーフティネットを持つこと。

お金にならなくてもいい。

ぼくにとっては特に釣りがそうだった。

今の時代、趣味をライフラインに変えている人が多い。ぼくはただの釣りマニアから、いつの間にか釣りの仕事をするようになっていた。好きで長年集めていた釣り道具のカタログは、かつては本棚を占拠したガラクタだったが、商品開発のアイデアをくれる宝の山となった。


大好きなことを極めていくと、それを人に教えるという仕事に変わることがある。ぼくは、愛するプロデュース業を極めた結果、大学の講師になれた。独自のライフスタイルを極めていくうちに、執筆と講演のオ

CHAPTER:5

47

会社への忠誠心を捨てる。

ファーが殺到した。

SNSやブログで発信してみよう。出会う人にも伝えてみよう。そうやって最初の小さな一歩を踏み出すことで、また次の一歩が見えてくる。ぼくだけじゃなく、多くの仲間もそうやって少しずつ仕事を創っていった。

大切なことは、中途半端じゃなく、とことん好きになって極めること。それを表現すること。趣味の達人、生き方の変人が重宝される時代になってきた。仕事はもらうんじゃない、創るんだ。

「会社でどう役立つか」から
「世の中でどう役立つか」へ。

48

あきらめを捨てる。

Go For It

小さな望みをいくつも解放する。

CHAPTER:5

48 あきらめを捨てる。

本当にやりたいことは、見たことも、聞いたこともないところには存在しない。

それは自分の内側にだけ存在する。

自分のルーツへとつながろう。

生まれたことに歓声を上げたあの瞬間に還る勢いで。


幼い頃にワクワクしていたこと、好きだったことはなにか。

そんなごく小さな〝衝動〟を思い出す。

そしてくだらないことでもいいから、とにかく行動にうつす。

やりたいと思ったらすぐはじめてみる。その決断に〝頭〟を介在させてはいけない。

「好きな作家の本を読みまくりたい」とか「夕焼けを日没まで見たい」

とかなんでもいい。

ささやかな望みを解放すると、その望みがまた別の望みを連れてきてくれる。

やがて、自分の本当の望み、人生の夢がなにかだんだんわかってくる。

実は、夢はあきらめるより、忘れてしまうことの方が多い。

あきらめるのは自分の意思だから許せるが、忘れるなんて最悪だ。

安定した日常に慣れてくると、「このままでも悪くないかも」と思わせる誘惑がいっぱいあるからだ。そんなノイズが夢を忘れさせる。

だから、つねに夢を忘れない仕組みを生活の中に作る。

リビングには〝夢〟を彷彿とさせる絵を、

寝室には〝夢〟につながる大きな地図を、

デバイスの壁紙には〝夢〟を象徴する画像を貼り付ける。

CHAPTER:5

48

あきらめを捨てる。


本棚の一等地には〝夢〟に近づくための本、
会社のデスクには〝夢〟とリンクするポストカードを並べる。

〝夢〟をイメージさせてくれる曲でプレイリストを作って毎日聴く。

10年以上忘れずにモチベーションを維持できれば、〝夢〟は引き寄せられてくる。ぼくだけじゃない、夢を叶えた人はみんな同じことを言う。

必ず叶うと約束するから。

「やりたいと願う」から
「やりたいことを忘れない」へ。

49 むやみな自由願望を捨てる。

Here or Nowhere

実績を出してから次をめざせ。

CHAPTER:5

49 むやみな自由願望を捨てる。

自分には夢があり、もっとやりたいことがある。と言って、なんの準備もせずに会社をやめれば、きっと後悔する。オフィスや備品を使える、同じ空間に同僚がいる、自分の苦手な仕事をやってくれる人がいることなどが、当たり前じゃなかったことを思い知るからだ。

カーッと熱くなって、いきなり会社を飛び出すのは、準備もなしにフルマラソンに挑戦するのと同じ。途中で倒れるのは間違いない。

日常業務をこなしながらそのかたわらで、トレーニングを兼ねて少しずつ、やりたいことに取り組むんだ。

何日もかけて山を歩くバックパッキング登山と同じ。大股で急ぐと半日でバテる。

自分のペースを守り、小さな歩幅でゆっくり歩く方が遠くまで行ける。

しかも疲れず快適に。そして楽しく。

会社をやめたいと思ったら、まず余計な付き合いや買い物をすべてやめよう。

生活レベルを下げて、どこまでミニマム・ライフコストを最小化できるかを実験しよう。

そして今いる場所で、どこに行っても通用するマナーと、あらゆる職種で活かせる仕事のベーシックスキルを身に付けることに専念しよう。

給料をもらいながら勉強させてもらっていると考えれば、つまらないと思っていた業務が〝教材〟にかわり、不愉快な上司は〝教官〟に見えてくる。

その上で、挑戦してみたい分野で活躍している人に会って話を聞き、

CHAPTER:5

49

むやみな自由願望を捨てる。

自分のことを少しだけプレゼンしてみる。

そうやってシミュレーションを重ねながら自分のイメージを固めていく。

でも焦るな。ひとつでいい、小さくていいから、今いる場所で成果を出すこと。

「ダメだったからやめる」だと、ずっと負け犬気分が抜けないままだ。

なにも残さずに、仕事をころころ変えたって、いつまでもたっても自分の人生を生きられないよ。

「この会社じゃなにもできない」から
「この会社でなにができるか」へ。

50
成功例を捨てる。

Reset and Rebuild

なぞるよりも、フルリセットしよう。

CHAPTER:5

50 成功例を捨てる。

ぼくは釣りが大好きで、中でも湖のフライフィッシングの虜(とりこ)だ。

澄んだ空と、透明な水。

清らかな冷気が肺を満たし、
森の深い緑は、目だけでなく心まで浄化してくれる。

野生魚には一切の無駄がない。顔つきにすきがなく、ヒレはピンと張りつめ、流線形の肉体は光沢を放ち、ミニマルを極めた美しさがある。

最大の魅力は、すぐに釣れないこと。

こんな虫や小魚を食べているんじゃないかと予想して、それを模したフライ（毛ばり）を自分で作り、投じてみるが見向きもされない。

仮説を立て、想像力と技術を駆使してやってみる。でも釣れない。

なぜだったかを検証する。その果てしない試行錯誤を続ける中で少しずつ〝邪念や下心〟が消えてゆく。ついに魚が釣れる。そのとき自然とつながる感覚を味わえる。

でも次の日、同じ手法はまったく通用しない。

自然と同じく、社会もマーケットも、人生も、雄大で深遠な存在でコントロールなんてできない。

計算や戦略だけに頼ろうとすると、そこそこの成果しか出ない。

「前のように、またうまくやってやろう」という傲慢さは、敏感にかぎ取られてしまう。

人生と、釣りの極意には共通点がある。

今まで見てきたこと、経験してきたことが正しいという思い込みや、成功体験は捨ててしまった方がいいということだ。

つねに謙虚に。

大きな存在の前に自分は無力。

CHAPTER:5

50

成功例を捨てる。

そう思うことで人はつねに初心に帰ることができ、変化することを恐れず、挑戦し続けることができる。

やがて、夢のような圧倒的に美しい魚とめぐりあえる。人生も同じ。

無欲無心になったとき、奇跡が目の前に現れるんだ。

「うまくいった例を探す」から「うまくいった例は捨てる」へ。

gue

DON'T LET THE "NOISE" OF
OTHERS' OPINIONS DROWN OUT
YOUR OWN "INNER VOICE".
AND MOST IMPORTANT,
HAVE THE COURAGE TO
"FOLLOW YOUR HEART"
AND INTUITION.
-STEVE JOBS
(SPEECH AT
STANFORD UNIVERSITY IN 2005)

Epil

今思えば、ひどい20代だった。
子どもの頃から人前で話すことが苦痛で、
まわりの目は怖いし、雑談は続かないし、接待もできない。
それなのに、大きな会社で会社員をやっていたわけだ。
過度のストレスで、原因不明のじんましん、顔面麻痺。
歯ぎしりで奥歯が割れ、駅のホームで意識を失う。
最悪なときは「おはようございます」という言葉さえ、どもった。

「大人は誰だって苦しい」

社会人になると自由なんてない。みんな食うために必死なんだ。

そう自分に言い聞かせて、がんばっていた。

でも、心の声は「なにかおかしい」と叫んでいた。

Epilogue

おわりに

常識に縛られ、自分に嘘をつきながら、まわりに合わせて我慢しながら、みんな大人になる？　本当にそうなのか？
一刻も早くここから逃げ出したい。そんな気持ちでいっぱいだった。

学生時代から、心に思い描いていた夢があった。
それは、美しい湖のほとりで生活すること。
水ぎわに立ち、一日中フライフィッシングのことだけを考える。
自宅の庭から湖面に突き出した桟橋の上に立つ。
下をのぞくと、透き通った水、大きなニジマスが泳いでいる。
深呼吸する。見上げれば、ちぎれ雲が流れている。
夕刻には幻想的な朱色が、空と湖面という二つのスクリーンに広がる。

そんな未来を夢見て、ときどき〝最寄りの自然〟に逃げ込むことだけが、騒々しい会社生活を生き抜くための唯一の救いだった。

15年間、音楽の仕事を愛し夢中になっているうちに、ヒットメーカーと呼ばれるようになって、いつの間にか高収入を得ていた。

けれど、生活レベルは一切上げなかった。

まわりにはピカピカの高級車に乗っていた人も多くいたけど、ぼくはボロボロの中古のバンに、雨漏りするまで15年近く乗り続けた。

みんな、より豪華なマンションに引っ越していったけど、ぼくは、敷地内にお墓がある築40年の格安の部屋に住み続け、多くの日数を路上でのバンライフに費やした。

徹底的に無駄づかいを省き、古着を着て、水筒と弁当を持参して出費をおさえた。

なぜか。

「ニュージーランドの湖畔で暮らしたいから」

人に言ったら苦笑されることも多かったけど、ぼくは本気だった。

仕事も会社も、夢に向かうための〝乗り物〟。

行きたい場所さえわかっていれば、どんな乗り物だってちゃんと目的地に連れて行ってくれる。

はじめからニュージーランド移住をめざしていたから、家具も家電も中古で最小限のモノだけ。

だから、コンテナ便でニュージーランドに送るモノも特になし。
なのに、移住が決まって、10年以上暮らした部屋の整理をしたら大量の不用品が出た。
ブランド品は興味なし、物欲なんてなかった自分が、
こんなにも多くのモノをため込んでいたことに驚愕した。
それまでの人生で集めたモノを手放す行為は、
茂みの中に、あらたな道を作っているようだと思った。

車もなく、住む家も決めずに出発。
アウトドアウェアとＭａｃＢｏｏｋを詰めたバックパックを背負い、
わずかな日用品、大量の釣り道具とキャンプ用品を詰めたスーツケース、
釣り竿ケースだけで飛び、最初の半年は湖畔のキャンプ場で暮らした。

おわりに

人が生きる上で本当に必要な荷物は、こんなにも少ないのかと知る。
今までに味わったことのない〝身軽さ〟の快感に身を震わせながら、
ぼくはついに夢を叶えることができたのだ。

20代のほとんどを、この夢のために費やしてきた。
人付き合い、出世、プライド、流行、地位……
ほとんど捨てる作業の連続だった。
そんなに捨てて、不安にならないの？　と何度言われたかわからない。
だけど大丈夫。捨てて後悔したものはほとんどない。

人は、本当に大切なものは絶対に捨てない。
すべてを捨てたつもりでも残るものがある。「本当のあなた」である。

それを一番大切にして生きるべきなんだ。


夢の湖畔生活も15年、気づけばぼくは50代半ばになっていた。

おもしろいことに、歳を重ねるにつれて、どんどん自由になり、より自分らしい人生を楽しむことができている。

見回せば、ぼくのまわりにもそういう大人がたくさんいる。


人生はレールのない旅。

安心感が欲しくて、あえて重い荷物を持つのか。

自由を感じたくて、荷物を減らしていくのか。

人によって人生戦略はそれぞれだと思う。

ぼくは減らす方を選んだ。それもかなり大胆に、長い時間をかけて。

焦るな。走る必要はない。

自分がめざす方向へ、無理のない小さな歩幅で、途中の景色を楽しみながら一緒に歩き続けよう。

ニュージーランド移住という夢を叶えたぼくも、新たな夢に向かって歩き続けているから。

でも、たまには足を休めて、朝陽を眺めながら語り合おう。

ニュージーランド湖畔の森より愛を込めて

四角大輔

この本は小社より刊行した『自由であり続けるために　20代で捨てるべき50のこと』（2012年8月）を全面改訂したものです。

自由であり続けるために
20代で捨てるべき50のこと　文庫版

2024年 5 月15日 初版発行
2024年11月21日 第2刷発行（累計1万2千部※電子書籍含む）

著者　四角大輔

デザイン　井上新八
写真　加戸昭太郎／Mountain Trip Magazine『PEAKS』(枻出版社)…P2 ～ 3
鶴田浩之…P114 ～ 115
四角大輔…P10 ～ 11、P202 ～ 203
(以下ゲッティイメージズ提供) eugenesergeev…P6～7/Naufal MQ…P14/gilaxia…P18～19/Syldavia…P26～27/jcrosemann…P70～71/Image Source…P116～117/Brownie Harris…P160～161/DaydreamsGirl…P204～205/fcscafeine…P246～247 (以下アマナイメージズ提供) Johner Images…表紙
DTP　株式会社 ローヤル企画

営業　市川聡
広報　岩田梨恵子
編集　橋本圭右

発行者　鶴巻謙介
発行所　サンクチュアリ出版
〒113-0023 東京都文京区向丘2-14-9
TEL:03-5834-2507 FAX:03-5834-2508
https://www.sanctuarybooks.jp/
info@sanctuarybooks.jp

印刷・製本　中央精版印刷株式会社